간도 민족독립운동의 지도자 **김약연**

간도 민족독립운동의 지도자 김약연

| 한국독립운동사연구소 기획 | 서대숙 지음 |

역사공간

환갑 무렵의 김약연

차례

규암 김약연은 어떠한 사람인가

북간도의 개척자, 규암
관북의 무관 가문에서 태어나다　20
집안을 이끌고 간도로 이주하다　26
간도를 개척하다　36
항산, 항심과 학전으로 일궈낸 명동촌　42

북간도 민족교육의 요람, 명동학교
서당 규암재를 신교육의 요람, 명동서숙으로 발전시키다　54
명동학교에서 기독교를 수용하다　69
규암의 기독교 신앙　84
간민교육회와 간민회를 이끌다　92

규암의 독립운동 노선

무장투쟁과 통합을 추구한 규암의 독립운동 노선 110
육탄혈전을 제창한 독립선언서 114
3·13 반일시위와 명동학교 138
세칭 '15만원탈취사건'과 명동학교의 수난 149
간도의 독립군이 독립전쟁에서 대승을 거두다 159

규암의 민족교육과 기독교 신앙

달라지는 명동학교, 고뇌하는 규암 176
공산주의운동이 만주를 휩쓸다 185
규암, 61세의 고령에 목사가 되다 199

- ■ **연보** 김약연의 삶과 자취 210
- ■ 참고문헌 216
- ■ 찾아보기 222

규암 김약연은 어떠한 사람인가

김약연은 두만강 너머 북간도의 명동촌을 개척한 사람으로 알려져 있다. 그러나 정작 그가 어떠한 인물인가는 낯설기만 하다. 그가 왜 조국을 떠나 북간도로 이주했는지, 또 북간도에서 무엇을 했는지, 그러한 그의 자취가 우리 근현대사와 독립운동사에서 어떤 의미를 지니고 있는지, 일반인들에게 아직도 쉽게 다가오지 않는다.

한국근현대사와 독립운동사에서는 인류의 정의와 양심을 지키기 위해 투신한 애국자들이 많았다. 그래서 한국인이 전개한 독립운동은 양적인 면이나 질적인 면에서 풍성하고 심오했다. 민족의 독립을 달성하기 위한 한국의 독립운동은 제국주의 침략에 맞서 인류의 자유와 정의를 지키는 인도주의적 운동으로서, 인류 발전사의 측면에서도 더없이 값진 자취를 남겼다.

한국 독립운동은 국내는 물론 해외에서도 한인이 있는 곳이라면, 어디에서든 지 독립운동을 전개했다는 점에서 세계적 공간성이라는 특성을 지니고 있다. 멀리 미주를 비롯하여 러시아 연해주, 중국 동북지역의 북간도와 서간도, 중국 관내의 상해와 북경, 중경 등지는 독립운동의 근거지를 이루고 있었다. 그 중에서도 북간도 한인사회는 규모가 가장 컸던 곳으로, 두만강을 사이에 두고 국내와 인접한 관계로 독립운동의 중심지로 주목받았다.

규암 김약연은 그러한 북간도 한인사회의 지도자였다. 일찍이 북간도로 이주한 그는 한인들에게 민족의식을 심어 주었고, 민족교육의 씨앗을 뿌려 독립운동의 터전을 일구게 했던 애국지사였다.

규암이 태어나던 1868년 무렵은 함경도 일대에 흉년이 들어 간도이민이 늘어날 때였다. 그가 태어난 함경도 종성은 조선의 변방이지만, 국방상 요지였던 관계로 무관 출신이 적지 않게 배출되었다. 규암의 선대 역시 무관출신이었다.

함경도 변방의 무관 집안에서 자라난 규암은 청년 시절 간도 이주를 결심하였다. 규암이 두만강을 건너 명동촌으로 이주한 때는 청일전쟁 직후로, 이때 그의 나이 31세였다. 마을에서 뜻을 같이 하는 사람들과 집단 이주한 규암은 집안의 모든 재산을 털어 명동촌 일대의 토지를 사들였다. 또한 독립운동의 기반을 다지기 위해 학교를 설립하고 많은 젊은이들을 교육시키면서, 학생들에게 민족의식을 심어주고 독립투사가 되도록 각성시켜 나갔다.

　그가 전개한 독립운동은 학생들의 교육에만 한정되지 않았다. 1919년 3·1운동 때에는 육탄혈전을 선언하고 자금을 걷어 무기를 사들여 홍범도가 이끄는 독립군부대를 지원하기도 했다. 독립운동을 전개하는 동안 규암은 감옥에 여러 차례 갇히기도 했으며, 자신이 세운 명동학교가 일제에 의해 불태워지는 만행도 경험하였다. 규암은 간도의 간민회 회장으로서 새로 이주해오는 사람들을 도와주고 간도에 정착할 수 있도록 지극 정성으로 돌보았다. 이런 규암은 간도 한인에게 없어서는 안될 지도자였다.

　전통유림가문에서 성장한 그였지만, 동도東道를 외치거나 척사론斥邪論을 주장하던 유림들과는 달리 기독교를 받아들이고 서양사람들, 특히 캐나다의 선교사들과 남다른 친교를 맺어나갔다. 이들이 우리 민족의 항일운동, 나아가서 독립운동에 큰 도움이 될 것이라고 판단했기 때문이다. 북간도에서 규암은 간민개척생활 및 육영사업, 그리고 독립운동 속에서 인간에 대한 진실성과 나라에 대한 애국심을 발휘하여 그를 따르는 사람들에게 굳건한 믿음과 존경을 받으며 민족운동의 새로운 봉화를 일으켰다.

3·1운동 때 규암은 옥고를 치르는데, 그동안 간도 한인사회도 커다란 변화를 겪고 있었다. 무장 항일운동의 기운이 고개를 숙이는 한편 사회주의 사상이 수용되면서 사회주의 사상에 의한 항일투쟁이 크게 번져 나가고 있었다.

기독교 장로였던 규암은 사회주의 사상에 대해서는 긍정적이지 않았다. 그것은 비단 종교적 차원의 생각에서 뿐 아니라 '민족'을 부정하는 사회주의 사상을 수용할 수 없었기 때문이다.

명동학교만 하더라도 일본 군경이 학교교사를 소각하는 만행은 교사를 재건하여 극복해 갈 수 있었으나, 학생들에게 번져나간 사회주의 사상은 극복하기 어려운 상황이었다. 당시 사회주의자들은 명동학교에서 기독교를 제거하여 종교와 교육을 분리할 것을 획책하고 있었다. 이것은 규암이 지켜온 교육방침의 기본원리에도 위배되는 것이었다.

결국 규암은 학교 문을 닫아야 했고, 자신의 기독교 신앙을 더욱 강화하기 위해 평양신학교에 가서 목사공부를 하기도 했다. 평양신학교에서는 규암을 위해 1년 과정의 속성과를 특별히 마련해 주었고, 이 과정을 마친 규암은 목사가 되어 다시 간도로 돌아왔다.

용정에 돌아온 규암은 은진중학교에서 학생을 가르치는 한편 학교의 고문으로 또한 이사회 이사장으로 활동하였다. 외국인 선교사가 세웠던 은진중학교는 외국인 선교사, 푸트William R. Foote(富斗一), 서고도徐高道(William Scott) 등이 교장을 맡았던 기독교 학교였다. 학교 이름도 "하나님의 은恩혜로 진眞리를 배운다"뜻에서 '은진'이라 지었다.

당시 사회주의의 기운이 북간도 지역을 휘몰아칠 때도 그는 기독교의 진리로 교육하고 독립운동을 전개한다는 신념을 잃지 않았다. 규암은 초지일관 그 원칙과 기준에서 벗어나지 않고 삶의 길을 걸어간 지도자였다.

이러한 규암의 일생을 제대로 평가하려면 아직도 더 많은 연구가 필요할 것이다. 그가 세상을 떠난 지 어느덧 70년이 되어간다. 규암은 민족교육자로서, 명동학교와 은진중학 등에서 수많은 제자들을 키워냈다. 여기서는 규암을 존경하고 따랐던 제자들을 중심으로, 그가 걸어간 길과 자취를 더듬어 보기로 한다.

규암 밑에서 가르침을 받았던 은진중학교 학생 장하린張河麟은 규암을 회상하는 것만으로도 자신의 영혼이 맑아짐을 느낀다고 밝힌 바 있다. 장하린의 집안은 당시 용정에서 손꼽히는 가문을 이루고 있었다. 그의 두 형인 장하일과 장하구는 해방 후 서울에서 교편생활을 했으며, 장하린 역시 해방 후 서울에서 종로서적회사를 설립하고 사업을 시작하였다. 장하린은 자기에게 자유와 희망을 가르쳐 준 사람이 바로 규암선생이라고 말하였다. 그는 자유나 희망은 학교에서 학습하여 배우는 것이 아니고 믿음으로 느끼는 것이라며 규암에게는 그러한 능력이 있었던 것 같다고 당시를 회상했다.

간도 용정 중앙교회에서 오랫동안 목회를 보았던 규암의 수제자 문재린文在麟은 명동학교 시절을 회상하면서 명동을 발전시킨 주역 다섯 명을 꼽으며, 그 중에 첫 번째로 규암을 지목했다. 나머지 네 명은 그의 장인인 김하규·김정규·윤하연 그리고 그의 부친 문치정이었다. 문재린의 아들 문익환이 남북통일운동의 일환으로 북한에 가서 김일성을 만나 통일을 운운한 일 때문에 사회여론에 오른 적이 있다. 문재린은 손녀들의 도움을 받아 자신과 아내의 평생회고록을 세상에 내놓았는데, 자신의 회고록 《기린갑이와 고만네의 꿈》에서 규암을 다음과 같이 기억하고 있다.

내가 평생 동안 만나보고 상종한 수많은 사람 가운데, 생각하면 언제나 머리가 숙여지고 마음으로 흠모하는 분은 10여 명 남짓이다.

규암의 수제자 문재린 · 김신묵 부부

그 중에서 …… 대표적인 분이 누구냐고 묻는다면 나는 서슴지 않고 규암 김약연 선생을 들 것이다. 나는 그에게서 4년 동안 한문을 배웠고 그가 명동학교 교장으로 계실 때에 소학교와 중학교를 다녔다. 선친께서도 그에게서 한학을 닦으셨고 나의 처 김신묵과 큰아들 〔문〕익환도 명동소학교에서 공부했으니 그는 우리 가정 3대의 은사이다.

문재린은 규암과 함께 간도로 이주한 다섯 가족의 후예로서 문병규의 증손이고 문치정의 아들이다. 용정에서 학생들을 가르치던 규암은 그것으로 그치지 않고, 학생들을 중국의 수도인 북경으로 유학 보내는 열성을 보였다. 당시 북경으로 유학한 학생은 모두 네 명으로 규암의 차남 김정훈, 윤동주의 부친 윤영석, 그리고 김석관과 문재린 등이다. 이후 문재린은 캐나다로 다시 유학을 떠나기도 하였다.

그가 신학교 졸업 후 1932년 용정의 중앙교회에 담임 목사로 취임하여 봉사하는 동안에도 규암은 항상 그를 돌봐주고 인도하여 주었다. 1942년 문재린의 중앙교회 재직 10주년을 기념할 때, 규암은 병중에도 불구하고 기념예배에 문재린의 업적을 기리는 기념문을 써 보내기도 하였다.

문재린과 같이 제자 관계는 아니지만 한국 신학계에서 일대의 논쟁 선풍을 일으켰던 장공長空 김재준金在俊 역시 은진중학교의 교목으로 일할 당시(1937~1940) 규암을 모시면서 지도를 받았다고 회고하였다. 김재준은 당시 규암이 제자를 가르치는 모습은 마치 공자가 제자들에게 도를 행하는 것과 흡사했다고 전한다. 그의 행동이나 말에는 전혀 거짓이나 꾸밈이 없었으며, 사람들을 대하는 데 있어 늘 겸손했다고 회상하였다.

또한 그는 규암이 내면에 충실하고 인간의 도를 실현하고자 노력한 분이었다고 기억하고 있다. 김재준의 회고에서 살필 수 있듯이, 규암은 인간적 진실로써 만나는 사람들을 감동·감화시켜 나갔다. 그런 점에서 그는 군자의 덕성을 지니고 있었다. 규암은 그러한 덕성을 바탕으로 자신이 추구하는 진실을 몸소 실천해 갔다는 점에서 더욱 높이 평가받아야 마땅하다. 장공 김재준이 주장한 실천신학과 생활신학 역시 그러한 규암에게서 영향을 받은 것으로 짐작된다.

보통사람보다 체구가 컸던 규암은 유학자의 신분으로 밭에 쓸거름을 직접 등에 지고 다니면서 황무지를 개척하였다. 장공은 이렇듯 규암이 실제적인 삶 속에서 더욱 빛을 발했다고 하면서, 다음과 같이 회고하였다.

내적 충실, 성실의 사람, 실천의 사람이며 민족의 독립과 해방을 가장 큰 의로 삼고 가장 절망적인 시기에 희망의 등불을 밝히고 민족의 희망과 복된 소식을 선포하면서 기다리던 지도자이다.

기독교 교역자들 외에 규암을 기억하고 추모하는 사람들은 그리 많지 않다. 그들이 남긴 규암에 대한 글은 더욱 희귀하다. 그 중에는 규암의 집단이민 때 간도로 같이 왔던 윤하현尹夏鉉의 후손들이 해방된 후 남북한에 많이 알려져 있다. 윤하현의 집안은 간도로 이주하던 당시에는 교육받은 선비나 유생가문은 아니었다. 하지만 순국시인 윤동주尹東柱(윤하현의 손자)와 해방 후 서울에서 대학교수로 오래 근무한 중국문학자 윤영춘尹永春 등의 후손을 두었다.

명동촌 개척에 앞장섰던 윤하현(윤동주 조부)

윤영춘은 규암으로부터 노자老子의 도덕경道德經을 배웠다. 또한 자기 인생의 사상체계를 잡는 데 규암이 절대적인 영향을 주었고, 남을 아끼는 박애와 관용, 인내와 겸손에 대해서 배웠다고 회고하였다. 윤영춘은 규암에 대해 일화적인 이야기를 많이 남겼다.

예를 들면 규암이 감옥에서 출옥한 후 명동학교 학생들이 학교 교직원들을 상대로 동맹휴학을 선포하고 데모를 했을 때, 규암은 학생들을 모아놓고 학교의 잘못은 전부 교장의 잘못이라며 자신의 종아리를 쳤다고 한다.

규암이 민족교육을 내세우며 독립운동을 전개한 북간도에는 뛰어난 인재들이 많았다. 일제가 패망하고 우리나라가 해방되었을 때 많은 독립투사들과 함께 간도에서 살던 동포들이 귀국하였다.

그러나 한국은 남북으로 갈라지고 말았다. 따라서 간도 주민들의 일부는 북한으로 갔고, 기독교 교인들은 중국과 북한의 공산정권을 피해 남한으로 돌아왔다. 간도의 혁명투사들은 남북한으로 갈라져 흩어졌지만 각자가 주어진 일과 함께 나라를 위해 충성을 다하였다. 한때는 남북한 정부의 국무총리가 모두 간도의 용정 출신들이었다. 북한의 총리 이종옥은 용정 동흥중학 졸업생이었고, 한국의 국무총리 정일권은 용정의 영신중학 출신이었다.

안타깝게도 규암은 우리나라가 해방되기 전 1942년에 타계하였다. 하지만 그의 슬하에서 공부한 여러 학생들이 분단된 남북한에서 민족의 화합과 통일을 이루기 위해 최선을 다하였다. 남한에서 활동한 간도사람은 그 수가 너무 많아 언급하기 어려울 정도이다.

북한의 김일성대학에서 교편을 잡고 일했던 간도 출신들 또한 많다. 명동학교 출신의 전창균, 은진중학 출신의 이진형과 이봉열, 영신학교 출신의 엄무현 등이 있으며, 영신학교 출신의 김계진은 법학을 가르쳤고, 은진중학 출신의 정욱종은 김일성대학 초기에 영문학을 강의하였다.

무관의 후예인 규암은 자신의 글을 많이 남겨 놓지 않았다. 간도를 홀로 개척하다시피하며 수많은 일을 했지만 임종 때 조차 한 줄의 글도 남기지 않았다. 단지 그는 "나의 행동이 나의 유언이다"라고 하면서 일생을 마쳤다.

북간도의 개척자, 규암

관북의 무관 가문에서 태어나다

한국의 유명 가문 101가家를 추린 《한국의 명가》에서 규암 집안을 관북의 대표적 선비 집안이라고 소개한 바 있듯이, 규암 가문은 함경도에서 알아주는 집안이었다.

규암은 고종 5년(1868) 9월 12일 함경북도 회령군 동촌 옹희면 제1리 행영行營에서 아버지 김석조金錫祚와 어머니 강씨의 4남 1녀 가운데 장남으로 태어났다. 자는 용구龍九이고 호는 규암圭巖이다. 규암은 전주 김씨 승의공承議公의 15대 손으로 선친과 조부는 모두 무관에 급제하였다. 그는 변방무관의 후예로 기골이 웅장하고 주먹이 컸으며 생김새가 홍안거구였으나 언행은 근엄하고 인자한 사람이라고 알려졌다. 우리나라 북방 방위를 맡고 있는 변방무관들 특히 회령·종성·온성·경성·경흥·부령 등 육진에 배치된 무관들의 사회적 지위나 경제 상태는 무척 열악하였다.

조선시대 관북지방은 선비들의 유배지였다. 그들 중에는 귀양살이를 벗어난 후에도 계속 유배지에 남아 제자들을 양성하기도 하

김약연이 출생한 함경북도 회령시가 전경

였다. 그리하여 종성이나 회령 같은 곳에서는 자연스럽게 유림사회가 형성되었다. 이러한 환경 속에서 규암은 8세 때부터 한학을 공부하였다. 그는 오삼열吳三烈, 주봉의朱鳳儀, 남종구南宗九 등의 문하에서 학문을 연마하였다. 오삼열은 규암의 학구열을 관찰하고 삼판三判이라고 명명했으며, 당시의 거유巨儒 남도천南道川은 규암을 사판四判이라고까지 불렀다고 한다. 규암이 맹자를 완독했다고 해서 맹판孟判, 예절을 잘 지킨다고 해서 예판禮判, 사리판단이 정확하다고 해서 정판正判이라고 부른 것이다. 그의 학구열은 대단하여, 유교에만 머물지 않고 노자의 도덕경까지 통달하는 수준으로 발전하였다. 때문에 그의 학문은 성리학에 매달리지만 않았다. 그만큼 학문의 폭이 넓어 세계관을 넓혀 나갈 수 있었다. 그러나 이렇게 투철하고 명석한 두뇌를 가졌다고 하더라도, 이 지역 출신이 관리로 등용되는 길은 철저하게 막혀 있었다. 잘 알려져 있듯이 조선시대는 서울·근기지역과 삼남지역 출신들이 정계를 지배하면서, 북부지역 출신들의 정계 입문이 좀처럼 허락되지 않았다.

그러한 가운데 규암의 선대들은 문관으로 나아가지 못한 채, 무관 가문을 이어오고 있었다. 규암은 학문을 쌓으면서, 무관의 길보다는 문관의 길을 원했던 것 같다. 그리고 현실의 모순을 타파하기 위해 공리공론의 성리학보다는 실학과 같은 입장에서 사회적 문제를 해결하려는 지향에 관심을 보여 나갔다.

그러나 규암이 세상에 뜻을 펼치려던 조선 말기는 부정부패로 얼룩지고, 그야말로 망국의 조짐을 보이고 있었다. 혼탁한 세상에서 설령 그가 정계로 진출한다 하더라도 그것은 무망한 일일 뿐이었다. 세상일로 고뇌하던 그는 결국 신천지 간도를 택하여 새로운 삶을 개척하는 방향으로 나아갔다.

그러면 여기서 잠시 규암의 가족 이야기를 짚고 넘어가기로 한다. 규암은 어려서 부인 안연安淵을 맞아들인 후 슬하에 3남 1녀를 두었다. 세 아들 모두 영민했지만, 기골이 장대했던 아버지 규암과 달리 병약했던 것 같다. 장남 정근楨勤은 병원을 경영하다가 해방되던 해 작고하였고, 차남 정훈楨勳은 두뇌가 명석하고 학력이 우수하여 북경대학에 유학을 보냈는데 건강이 좋지 않아 일찍이 세상을 달리 하였다. 삼남 정필楨弼 또한 우수한 성적을 가지고 중국정부의 장학생으로 선발되어 천진 남개南開대학에서 영문학을 공부하고 학위를 받았지만 건강이 여의치 않아 졸업한 지 1년 만에 폐렴으로 작고하였다. 규암의 외동딸 신복信福은 독립군이며 명동학교 교사였던 최기학崔基鶴과 결혼했으나 해방 후 간도 용정에서 별세하였고, 그녀의 남편은 러시아로 들어간 후 소식이 두절되었다고 한다.

규암의 장남 정근은 2남 1녀를 두었는데, 장남 기섭基燮과 차남 중섭重燮, 그리고 외동딸 인순仁順이 있다. 이들은 전부 규암의 후손답게 민족정신을 발휘하여 간도에서나 해방된 한국에 돌아와서 나라를 위해 봉사하였다. 규암의 손자 기섭은 조두용趙斗容의 딸 조송학趙松學과 결혼하여 2남 1녀를 낳았다.

조두용은 규암의 명동학교 제자로서 김좌진金佐鎭장군의 북로군정서부대에 무기를 공급하고 간도에 주둔한 일본총영사관을 방화 소각한 투사이다. 둘째 아들 중섭은 일본대학으로 유학 가 경제학을 공부했으나 졸업반일 때 학병으로 사할린으로 끌려간 후 소식이 끊어진 채 결국 돌아오지 못했다. 이들 중 대체적으로 한국에 많이 알려져 있는 딸 인순이는 해방 후 한국 유네스코 사무총장을

규암의 제자인 조두용

지낸 장내원張迺源과 결혼하였다. 장내원의 부친 장석함張錫咸은 규암이 북간도 대한국민회 회장일 때 재정을 책임지고 군자금 조달에 힘쓴 사람이다.

규암의 종손 기섭은 2남 1녀를 두었다. 장남 재협在協은 연세대학 정치외교학부를 나와 미국 인디아나 주립대학Indiana University에서 정치학 박사를 받았다. 그는 미국 워싱턴 주의 퓨젓사운드 대학University of Puget Sound에서 교편을 잡았으며 한미안보협의회를 조직하여 한반도 국방연구에 기여하였다. 차남 재홍在洪은 연세대학 경영대학원을 졸업하고 대한항공에 오랫동안 근무했으며 증조부인 규암을 연구하는 데 모든 힘을 기울이고 있다. 기섭의 딸 혜령惠玲은 미국에 거주한다.

규암의 후손 중 단 한 사람만이 규암의 뒤를 이어 목사로서 교직자가 되었다. 그는 바로 김명섭金明燮이다. 명섭은 정훈의 둘째 아들로 기섭의 사촌이다. 그는 한국 신학대학을 거쳐 미국 일리노이 Illinois 주립대학을 마치고 현재 미국에서 목회를 하고 있다. 이와 같

김약연의 세 아들. 오른쪽부터 정근·정훈·정필(1928. 1. 18)

이 규암의 가문은 한국의 명가 101가문으로 손색이 없는 집안이라고 할 수 있다.

집안을 이끌고 간도로 이주하다

규암은 선비의 후손으로서 30세가 될 때까지 고향에서 학문을 배우고 익혔다. 그의 스승과 마을사람들은 그의 우수한 두뇌와 건강한 모습에 칭찬을 아끼지 않았다. 그러나 능력이 있어도 중앙으로 진출할 기회가 없어 규암의 앞길은 막혀 있었다. 그와 그의 후손들이 장래에도 함경북도 변방지역에 거주하게 될 것은 분명했다.

그러한 사실뿐만 아니라 일반적으로 커다란 장애가 놓여 있었다. 농민과 함께 일하고 아침 저녁으로 땀흘려 노력했지만, 농지에서 얻어지는 수확은 언제나 기대에 어긋나기 일쑤였다. 거기에 자연재해로 인해 연속하여 흉년이 들면서, 굶어죽는 사람이 거리에 즐비할 정도로 함경도 일대의 농민들은 빈곤과 기아를 견딜 수 없는 지경이었다.

결국 규암은 자기 마을 근교에 사는 이웃들과 국경을 넘어 만주의 기름진 땅으로 이주하기로 마음먹었다. 그가 이웃들과 어떠한 논의를 했으며, 왜 그들과 함께 이주하기로 결심했는지는 알려져 있지 않다. 하지만 그들이 조심스럽게 논의하고 치밀하게 준비한 것만은 사실이다. 이들은 돈을 모아 선발대를 미리 중국으로 보냈

북간도 대한국민회의 재정을 담당한 장석함(앞줄 맨 왼쪽)

다. 목적지에 도착한 선발대는 당시 간도의 대지주로 알려진 동한 董閑의 땅이었던 천일경千日耕을 사들였다.

보통 일경은 소 한 마리로 하루 동안 갈 수 있는 땅의 면적으로, 천일경이라면 소 한 마리가 천일을 갈 수 있는 넓은 면적이었다. 이들이 넓은 토지를 매수할 수 있었던 것은 그만큼 재력이 밑받침 되었기 때문에 가능한 일이었다. 뒤에서 보듯이, 이들은 나름내로 모

선구촌村과 (두만강) 종성

두 관북지방 일대에서 이름을 얻던 가문의 후예들이었다.

 1899년 2월 18일, 그들은 아직도 얼음이 풀리지 않은 두만강을 건너 중국 만주로 이주하였다. 규암의 전주 김씨 집안에서 31명, 김해 김씨 소암素岩 김하규金河奎 집안에서 63명, 남평 문씨 문병규文秉奎 가문에서 40명, 그리고 규암의 스승 남도천南道川(본명은 南宗九)의 가문에서 7명 등, 모두 25세대, 안내자 및 통역관 김항덕 1명 포함 모두 142명에 달하는 대규모의 이민집단이었다. 이들은 함경북도 종성군 상삼봉을 출발하여 용정 개산툰의 자동과 회경가, 용정시 팔도하자향 등을 거쳐 화룡현 불굴라재라는 곳에 정착하였다.

    이들은 공동으로 구입한 땅 천일경을 각 가문에서 투자한 만큼씩 분배하였고, 천일경 중 10일경은 공동부담인 학전學田으로 남겼다. 학전이란 공부에 필요한 자금을 충당하기 위한 땅이었다. 그만큼 이들은 이주 당시부터 학문의 필요성을 인식하고 있었다.

    규암의 제자였던 문재린은 당시 이들이 사들인 땅의 규모가 약 600만 평 정도가 되는 것으로 회상하기도 했다. 토지가 600만 평이라면 수만 석을 거둘 수 있는 광대한 땅으로, 수만 명의 생활이 가능한 규모였다. 때문에 넓은 땅을 분배한 이주자들의 마을도 상당히 거리를 두고 형성될 수밖에 없었다. 그 가운데 규암은 장재촌長財村

장재촌·명동촌 전경

이라는 곳에 터전을 마련해 나갔다.

장재촌 일대에는 수 천 정보에 달하는 평야가 펼쳐져 있는데, 원래 이곳의 주인은 동董가라는 중국인이었다. 당시 중국인 지주 동가는 마치 봉건영주 같이 행세하고 있었다. 이때 규암은 중국인 지주의 약탈에 의해 한인들의 생활이 처참할 정도로 궁핍한 것을 보고, 자신의 전재산을 털어 동가로부터 조금씩 조금씩 임야와 토지를 매수해 갔다. 그리고 인근의 한인들과 함께 임야와 구릉지대를 갈아 밭으로 일구어 나갔다.

이곳은 행정구역상으로 화룡현 명동촌이었지만, 그 고장에서는 장재촌이라 불렀다. 회령에서 100여 리 떨어진 이곳은 동쪽에 대립자大拉子가 위치하고, 서북쪽 40여 리 떨어진 곳에 용정이 위치하여, 회령을 출발하여 용정으로 가는 길목에 자리잡고 있었다. 그리고 마을입구에는 선바위라는 50여 미터 남짓한 바위가 길 양쪽에 솟아 마치 대문 같은 구실을 하고 있으며, 그 아래는 강이 흐르는 평화로운 곳이었다. 때문에 조선과 간도를 오가는 사람들이 '주막'처럼 쉬었다 가기에 더할 나위없는 교통의 요지이기도 했다. 규암은 장재촌을 찾는 사람들에게 어김없이 식사와 잠자리를 제공하여, 사람들의 발길이 끊이지 않았다.

규암은 이곳에 정착한 지 2년 만인 1901년에 기와집을 짓고, 자신의 호를 따 규암재圭巖齋라 이름하였다. 이렇게 장재촌을 무대로 한인 마을을 훌륭하게 키워나가자, 주위의 사람들도 규암을 좇아 장재촌으로 몰려 들었다. 당초 떨어져 살던 다섯 가문이 이곳으로 이주하였고, 두만강 건너편 자동에 살던 윤하현도 1900년 경 장재촌으로 합류하였다.

함께 이주한 다섯 가문의 유대는 남달리 돈독하였다. 함께 고향을 떠나 간도로 이주한 인연도 있었지만, 삶의 길에서도 서로 뜻을 같이 나눌 수 있었기 때문이었다. 그리하여 결혼을 통해 인척관계로 발전하면서 이들의 관계는 더욱 깊어져 갔다. 예를 들면 김하규의 넷째 딸 김신묵은 문병규 가문의 문치정의 아들인 문재린과 결혼하여 문익환을 낳았으며, 규암의 누이동생 김용은 윤하현 가문의 윤영석과 결혼하여 순국시인 윤동주를 낳았다.

이 다섯 가문의 지도자들은 명동의 5현五賢이라고 불리운다. 이는 그들이 떠난 함북 오룡천의 5현과 비교해 일컫는 말이다. 함경북도 회령에는 종성으로 흐르는 오룡천五龍川이라는 작은 개울이 있는데, 이 개울 기슭에 마을 청소년들을 가르친 실학파 선비들이 있었다고 한다. 그들이 근교의 생활과 학문 문화 발전에 많이 기여했다고 해서 그 중 가장 영향력 있는 다섯 명을 오룡천의 5현이라고 불렀다. 회령에는 조선시대 거유 송시열과 문맥이 이어지는 최학암이 있었고, 종성에는 한봉암과 한치암 형제와 남오룡재의 남도천, 그리고 경원의 채향곡이 있었다.

명동의 5현들은 땅을 사들일 때 가장 좋은 땅 1만평을 학전으로 남겨 자녀와 후세교육에 전념하였다. 이들이 경작지를 정리하고 처음으로 전통적인 서당을 마련하는 일에 힘을 썼다. 규암은 장재촌에 규암재, 김하규는 대사동에 소암재, 남위언은 중영촌에 남오룡재를 세웠다. 그런데 이들은 보통 유학자들과 행동 양식이 달랐다. 보통 유학자들은 손에 흙을 묻히지 않고 의관을 정제하고 학문과 예의 토론으로 세월을 보냈지만, 이들은 청소년 교육에 전념하는 한편 농민들과 다를 바 없이 농사하며 땔나무를 벌채하여 등짐으로 운반하였으며, 머슴과 같이 물을 지게로 길어 오고, 나무가래로 외양간에서 쇠똥을 쳐내는 등 농부와 똑같은 생활을 마다하지 않았다.

그런데 여기서 규암의 이주와 관련하여 짚고 넘어갈 부분이 있다. 문재린은 자신의 회고록을 통해 자기가 자라면서 들은 말을 기억한다고 하면서 다섯 가문의 간도이주 목적을 세 가지로 전하였다. 첫 번째는 우리 옛 조상의 땅을 우리가 들어가서 되찾는다는 것, 두 번째는 북간도의 넓은 땅을 활용해 이상촌을 건설하려는 것, 세 번째로는 추락하는 조국의 운명 앞에서 인재를 교육하려는 뜻이 있었고, 새로운 개척지를 제2의 오룡천으로 만들려는 포부가 있었다는 것이다.

문재린의 회고가 어렸을 적 어른들로부터 들은 이야기라 하지만, 두만강 북쪽에 있는 간도 땅을 우리 영토로 만들기 위해 이주했다는 것은 오룡천 오현들이 집단 이주한 본래의 목적이라 하기는 어려울 것이다. 그러한 사실은 당시 생활고에 허덕이다가 간도로 건너 간 한인들의 모습에서도 찾을 수 있다. 간도가 우리의 옛 땅이라 되찾기 위해 갔다고 하는 말은 실제와는 다른 것임을 유의할 필요가 있다. 그리고 만주에서 투쟁한 우리 독립군의 목적 역시 항일투쟁을 통해 잃어버린 나라를 되찾자는 것이었지, 중국을 상대로 만주의 간도 땅이나 러시아 등지의 영토 확보를 위해 한 투쟁은 아니었음을 상기할 필요가 있다. 일제 침략으로부터 자기 나라도 구하지 못하는 처지에서 어떻게 중국 땅을 획득할 계획을 세우겠는가. 문재린이 어렸을 때 우리나라 역사에 대해서 어른들이 한 말이나 그들의 포부와 희망사항을 이주 목적의 하나로 듣고 그런 말을 남겼을 수는 있다. 하지만 그것이 그들의 집단 이주 목적이 될 수는 없다고 보아야 한다.

이와 관련하여 한가지 더 지적할 것은 규암은 간도로 망명해 간 사람이 아니라는 점이다. 규암의 간도이주를 독립운동을 위한 망명으로 간혹 표현하는 경우가 있는데, 이 또한 사실의 왜곡이라 아니할 수 없다. 망명이란 정치용어로써 자기 나라에서 벗어나 정치적·종교적, 또는 사법적 박해나 탄압을 피하기 위해 다른 나라로 몸을 피해 가는 것을 뜻한다. 정식으로 정치 망명을 하는 사람을 수용受容하는 나라에서는 그의 정치편견이나 사상의 자유를 보장하고 보호할 의무가 있다. 이러한 망명 기준을 볼 때 우리나라 독립운동 투사들이 망명한 경우는 흔치 않다.

그렇다고 규암이 조선왕조를 피해 국외로 도주한 사람도 아니었다. 규암이 간도로 갈 때는 아직 조선왕조가 존재할 때였다. 그는 조선의 선비로서 능력이 닿는 한 조선왕조를 구해내려고 외국으로까지 이주한 사람이었다. 게다가 앞서 보았듯이 규암은 망명자가 아니었다. 규암은 일본이 조선을 강제 점령한 경술庚戌년 이전에 간도로 이주했으며, 그곳에서 터전을 마련하면서 교육과 항일운동에 전념한 것이다.

규암과 집단 이주한 5현과 그들의 가족들은 만주에서 청조 말엽부터 중화민국을 거쳐 일본제국주의가 가설한 위 만주국이 붕괴할 때까지 떳떳하고 당당하게 우리나라의 독립과 일본제국주의의 멸망을 위해 투쟁한 사람들이었다.

간도를 개척하다

옛 간도는 지금의 연변延邊지방에 해당되는 곳으로 현재 약 1백만 명에 가까운 조선족이 살고 있다. 이곳은 중국내 유일한 조선족 자치주自治州이기도 하다. 이는 미국에 새로 형성된 한인 타운이나 중앙아시아에 이주당한 전 소련에 산재해 있던 조선(고려) 사람들의 마을과는 근본적으로 성격이 다르다.

현재 중국공산당 통치하에 있는 연변조선족자치주는 그곳에 살고 있는 조선족들이 만주에 살고 있는 조선 사람들의 자치를 위해 국공전쟁이 일어났을 때와 만주에서 빨치산 투쟁을 할 때 중국공

북간도 한인사회의 중심지였던 용정의 한인거리(위), 용정 장날의 모습(아래)

산당을 위해 투쟁한 결과이다. 1930년대 우리 독립운동 투사들이 만들었던 재만한인조국광복회在滿韓人祖國光復會의 10대 강령 중 제2조는 만주에 사는 조선인의 자치권을 주장하는 것이었다. 오늘날 연변조선족자치주는 중국공산당이 조선족에게 어떤 혜택을 주었다기보다는 중국 동북에 살고 있는 조선족들이 중국공산혁명에 기여한 대가라고도 할 수 있다.

우리나라 사람들이 두만강을 넘어 간도지역에 정착한 것은 역사적으로 이미 오래 전의 일이다. 요遼·금金·원元나라 시기에는 조선 사람들이 납치되어 갔거나 강제로 이주당한 사람들이 있었고, 병자호란(1636~1637) 후에도 납치된 포로들이 팔려가서 중국에 정착한 흔적이 있다. 청조清朝 말엽에 채삼採蔘이나 다른 경제적 목적으로 월경하는 사람들을 통제하기 위해 청나라와 조선왕조는 이 지방을 봉금지역으로 정하였다. 중국은 봉금封禁정책 조선왕조는 변금邊禁정책에 따라 사람들의 출입을 통제하였다. 그러나 이러한 결정을 맺은 후 약 200년 가량 출입통제에도 불구하고 조선 사람들은 개인 또는 소수의 무리가 월경한 뒤 마을을 형성해 집단생활을 이루기도 했다. 그러다가 고종 6년(1869) 함경도 지방의 대흉년으로 국경을 넘는 사람이 급격하게 증가하게 되었다. 이에 조선왕조는 양전관量田官을 파견하여 전정田政을 설치하고, 국경을 넘는 조선 사람들에게 지권地卷을 교부하여 두만강을 건너 법정주민이 될 수 있도록 알선했다고 한다.

북간도와 한국을 이어주는 두만강의 뱃길

    또한 규암의 집단이주 직전에 회령부사 홍남주 지방관이 1880년 경진개척庚辰開拓을 지도하여 회령대안에 100여 정보에 달하는 평야를 개간하고 집단 월강을 시도하였다. 이 모든 조치는 북부지방의 민생고를 해결하려는 방책이었다. 정부가 1881년 봉금령을 해제하자 변경에 있는 조선인들은 대거 간도로 이주하기 시작하였다. 그리고 규암과 오룡천의 5현 가족들도 이들과 같은 목적으로 간도로 망명이 아닌 이주를 한 것이다.

사실 중국에는 간도間島라는 지명도 없고 말늘도 없었다. 간도라는 명칭은 조선 사람이 만든 지명으로, 한 연구에 의하면 이 용어는 어떤 지명에서 기인한 것이 아니고 만주로 비밀리에 월강하는 조선 사람들의 "은어"에서 찾아 볼 수 있다고 주장한다. 봉금지대가 공식적으로 풀리기 전까지는 경제적 혼란이 올 때마다 두만강 유역에 사는 사람들은 월강 경작을 했다고 한다. 때에 따라 조경모귀早耕暮歸, 춘래추거春來秋去, 또는 "철새 농사"를 지었다는 것이다. 아침에 강을 건너 낮에는 만주에 있는 농지를 경작하고 저녁에 돌아오거나, 철새 같이 봄에 만주로 갔다가 가을에 타작한 농작물을 가지고 돌아오는 사람들이 있었다. 그들이 자기의 월강이나 만주에서의 철새 농사를 주변에 알리지 않기 위해 두만강에 있는 섬, 즉 만주와 함경도 사이의 두만강에 있는 섬 간도로 간다고 한데서 나온 말이라고 한다. 이러한 민속학적 어원의 타당성은 논란에 여지가 있는 것이 사실이지만, 어쨌든 그 당시 이주한 사람들은 자기들의 개척지를 간도라고 불렀다. 그리고 우리에게는 중국인과 달리 간도라는 이름에 익숙해져 있다.

간도는 만주의 연길·화룡·왕청·훈춘 4현을 망라한 지역이며, 여기에 백두산 북쪽의 안도와 돈화의 2현을 합쳐 지금의 연변조선족자치주가 형성되었다. 북간도北間島라고도 불리는 이곳에서 조선인의 개척이 서쪽으로 확산하면서 북간도의 서쪽 백두산 서남쪽의 압록강 주변을 남만주 또는 서간도西間島라고 불렀다. 간도의

개산툰에 세워진 간도 사이섬 표석비 – 지금은 사라지고 없다.

동과 서를 구분해 동간도 또는 서간도라 불렀지만, 조선인이 개간한 이 지대를 포괄하여 일반적으로 간도라고 지칭한다. 이밖에 한문자로 간도를 조선 사람이 개간한 땅이라고 해서 '墾島' 또는 '墾道'라고도 쓰는데, 이것 또한 '間島'에서 나온 말들이다. 중국에서는 조선 사람들이 중국의 토지를 개척·개간한다고 하여 초간국招墾局, 월간국越墾局, 전간구專墾區라는 말을 사용하기도 하였다.

그런가 하면, '간도개척사'를 쓴 간도 출신 윤화수의 아들 윤정희는 1881년 정부에서 임명한 양전관이 토지대장土地臺帳과 야초野草(地稅名寄帳)를 작성하여 "간도야초間島野草"라는 제목으로 제출했다고 해서 이것이 간도명명間島命名의 근원이라고 보았다. 그러나 간도라는 지명은 양전관이 쓴 간두야초보다 훨씬 전부터 사용되고 있었으므로 간도야초로 인해 시작된 이름 같지는 않다.

앞에서 언급했듯이 중국 사람들은 간도라는 이름을 쓰지 않았다. 그것은 간도라는 명칭이 조선 사람들이 만주로 이주한 후 만들어 낸 지명이었기 때문이다. 그만큼 간도에는 조선 사람들이 많았다. 당시 중국 사람들은 불과 수백 호戶에 지나지 않았으나 이주한 한인 개척자들은 수만 호에 달하였다. 그러나 간도 이주민 수는 여기에 그치지 않고 더욱 증가하면서 1919년 당시 간도의 한인은 25만 명이 넘었고, 반면 중국 사람은 불과 8만 명에 지나지 않았다. 간도에서 조선 사람이 차지하는 비중은 거의 8할 정도에 이르고 있었다.

항산, 항심과 학전으로 일궈낸 명동촌

규암과 오룡천의 이주자들이 간도에 도착했을 때만 해도 간도는 광활하지만, 척박한 땅이었다. 당시 간도로 넘어간 한인들은 생활고를 이겨내기 위해 대부분이 월강越江한 사람들이었다. 때문에 이

간도로 이주한 한인들

들 한인은 열심히만 일한다면 먹고 사는 문제는 해결될 것이라 굳게 믿고 있었다. 즉 간도 이주자는 누구나 항산恒産, 즉 생계를 유지하고 발전시킬 수 있는 일정한 직업과 수입을 마련하고, 이것을 기초로 자기들이 언제나 변하지 않고 지니고 있는 마음인 항심恒心을 지켜나갈 것으로 생각하고 있었다.

그리고 한인들은 저마다 한인 마을을 형성하면서 새로운 삶을 개척해 나갔다. 규암을 비롯한 실학파의 후예인 오룡촌의 선비들 역시 그와 같은 생활을 시작해 나갔다. 이들이 생활만을 추구한 일반인과 다른 것이 있다면, 자녀 교육에 남다른 열정을 지니고 있었던 점일 것이다. 이들은 비록 타국 땅 간도에서 삶을 꾸려갔지만 조선인이라는 의식을 언제나 명심하고, 그러한 정신과 의식을 자녀들에게 심어주기 위해 온 힘을 기울였다. 그러한 교육적 신념은 비단 이들 가족의 자녀에게만 그치지 않았다. 인근의 한인에게도 교육의 기회를 마련해 주어야 한다는 생각으로 발전하고 있었다.

젊은이들의 교육을 위해서는 무엇보다 경제적 뒷받침이 필요했다. 이렇게 해서 그들이 마련한 것이 학전學田이었다. 규암은 자기가 사들인 밭의 가장 기름진 땅 1할을 학전으로 떼어놓고, 그 밭에서 나오는 수확물로 젊은이들의 교육을 적극적으로 지원할 생각이었다. 이러한 육영사업은 중국당국도 인정해서 학전에는 세금이 붙지 않았다.

규암이 간도에 도착했을 때 그는 31세의 기골이 장대한 젊은이였다. 그는 집단 이주한 다섯 가문 중 가장 젊은 가장家長이었으나, 여러 가문을 아우르는 실제적인 지도자였다. 규암은 황무지를 솔선수범 개간하여 옥토로 만들면서 함께 온 다섯 가문의 가족뿐만 아니라 근처에 정착한 간민들의 지도자로 급부상하였다. 이러한 명망은 규암이 학문을 한 선비라서 얻어진 것이 아니라 확고한 항산을 바탕으로 그가 개척자의 일을 완벽하게 수행했기 때문에 주어진 것이었다.

규암은 한인 이주자들이 겪어야 했던 어려움을 해결해 주는 등 지도자의 면모를 다듬어 나갔다. 당시 이주자에게 가장 힘든 것은 거주권과 토지소유권 등을 확보하는 법적 수속이었다. 규암은 이러한 문제들을 자신의 일처럼 정성껏 돕고 알선하였다. 또한 다른 농부들과 차별없이 논밭농사를 지었으며 땔나무도 손수 장만하였다. 식수를 직접 길어오고 방에 온돌을 깔고 도배까지 한 것은 물론 화장실도 고쳤다. 규암은 큰 체격과 강인한 힘으로 보통사람의 몇 배의 노동을 하고도 지칠 줄 몰랐다. 명동에서 산으로 20여 리 들어간 지역에 규암의 자字인 용구龍九를 딴 용구마을이 있는데, 이는 규암이 친히 그곳에 가서 나무를 베고 토지를 일구었다고 해서 붙여진 이름이었다.

불굴라재에 정착한 규암과 다섯 가문은 각각 자기들 경지를 맡아서 일을 시작했다. 규암은 선봉 남쪽 기슭인 장재촌長財村, 남도천 일가는 중영촌中英村, 김하규 일가는 대사동大蛇洞, 문병규 일가

선바위가 보이는 명동촌 입구

는 동구東溝에 있는 경지를 일구었다. 그리고 일찍이 자동子洞에 이주하였던 파평 윤씨 가문도 용암동龍岩洞으로 이주해 왔다. 이들이 개간한 논경지에는 다양한 농작물이 재배되었다.

조·옥수수·고량·기장·콩 등의 밭농사도 크게 성행했지만, 이주 한인사회에서 가장 비중을 차지하던 농업은 역시 하천유역의 저지와 습지에서 일으킨 벼농사였다. 이주 한인에 의해 시작된 벼농사는 만주 농업경제에서 수위를 차지하는 주곡으로 등장하였을 정도였으며, 그 전토의 대부분은 한인의 피땀어린 노력으로 개간되었던 것이다.

　규암과 다섯 가문이 개척 이민에 성공한 이유는 그들이 항산을 농업에 기초했기 때문이라고 평가할 수 있다. 20세기 산업 국가들은 개혁과 발전 과정에서 대부분 농업을 기본 산업으로 삼고 있다. 그들 또한 땅을 사들이고 토지 소유권을 손에 쥔 뒤, 땅을 일구는데 전념하였다. 허허벌판 같은 밭을 갈고 논에 물을 대며 근면하게 일한 결과 규암은 풍부한 수확을 올리게 되었다.

　그러나 만주에서의 생활이 안락한 것만은 아니었다. 치발薙髮의 변이 일어나면서, 중국 청병淸兵 기마대 병사 1백여 명이 훈춘으로부터 이주한 한인마을을 기습하여 집에 불을 지르고 한인들을 내쫓는 경우가 있었고, 한인들에게 중국으로 귀화할 것과 머리를 청국사람처럼 깎고 청색의 중국옷을 입으라고 요구하는 등 한인을 괴롭혔다. 하지만 백의민족白衣民族이 만주로 이주해 왔다고 해서 청의민족淸衣民族으로 변할 수는 없었다.

이윽고 청병들은 만주의 행정기구를 개편하고 지방을 다스리는 면面 또는 동洞을 신설하여 그 지방의 행정권을 행사하기 시작하였다. 이때 조선에서 만들었던 간도토지대장間島土地臺帳이나 간도야초間島野草 등의 문헌들은 이미 무효가 되고 말았다. 이렇듯 청나라는 동화정책을 강요하면서 간도의 이주민들을 통제하려 했지만 이에 순응해서 청나라 사람으로 동화된 이주민은 일부 극소수였다고 한다. 당시는 청조 말기였고 만주가 중국의 중앙권력지로부터 멀리 떨어져 있는 곳이어서 통제가 그리 심한 편은 아니었다.

이러한 청나라의 횡포에 대한제국은 1902년 한인들을 보호하기 위해 이범윤李範允을 북변간도 관리사로 임명하였다. 이범윤은 정부에 보호병을 파견할 것을 제안했으나 기각되자 사포대私砲隊를 조직하여 청의 불법적인 침략에 무력으로 대응하였다. 결국 중국정부도 월경하는 한인들을 완벽하게 통제하지는 못했다. 북변간도 관리사였던 이범윤의 대응이 어느정도 도움이 되었으나 사실 청조 말기의 시대적 혼란으로 인한 결과였다.

당시 중국은 청일전쟁의 패배와 의화단사건으로 사회 전반이 무척 어지러운 상황이었다. 또한 치발의 변란으로 청나라에 동화한

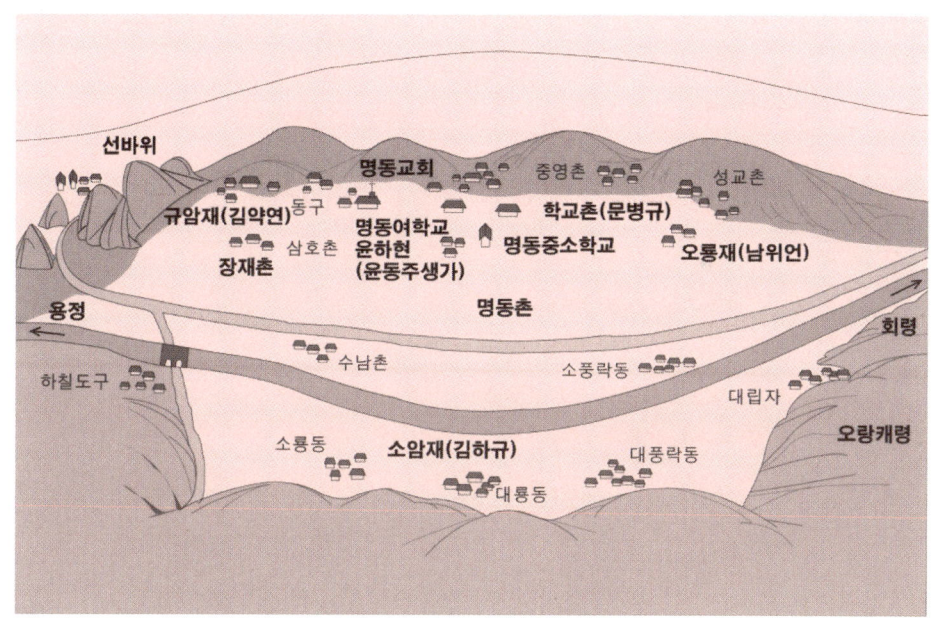

명동촌 일대 5가문의 정착 지도

한인들은 극소수에 지나지 않았고, 1905년 을사조약이 늑결된 후 정치적인 이유로 간도로 이주하는 사람들이 1907년과 1908년 경 사이에 부쩍 증가하였다. 당시의 간도의 사정을 연구한 일본인 우시마루牛丸潤亮는 간도의 이주 한인의 수가 1907년에 71,000명이었던 것이 경술년(1910) 당시 109,500명으로 늘었으며, 3·1운동 전인 1918년에는 253,961명으로 대폭 증가했다고 기록하고 있다.

땅을 쓰고 농지를 개간하는 이주민들에게 청 정부의 부당한 이주민 정책으로 인한 고난이 계속되었고, 일상생활을 지속하기 위

형장으로 끌려가는 의화단원들

한 치안 여건마저 여의치 않았다. 조직화된 만주의 비적匪賊들이 이 주민들을 협박하며 일상생활에 심한 피해를 주기 시작하였다. 만주는 토비, 마적, 홍창비, 공비 등의 비적 조직들이 농가를 습격하며 약탈을 일삼았다. 어떤 조직은 청의 치안단체들도 통제하기 힘들 정도로 규모가 컸다고 한다. 비적들은 무장체계를 갖추기도 했으며, 사전에 이주민들의 생활 상태를 철저히 조사하는 치밀함까지 보이기도 했다. 이후 한인 이주민의 수가 점차 증가함으로써 중국 비적이나 토비들의 만행은 서서히 통제되어 갔다.

한편 청일전쟁에서 승리한 일본은 러일전쟁(1904)에서도 승리해 조선침략에 대한 야욕을 더 확고히 세워 나갔다. 그리고 을사조약이 강제 체결되자 조선에서는 의병들이 다시 일어나 항일운동을 전개하였다. 이들 중 많은 의병들이 항일운동을 위해 조선을 떠나 규암이 이주한 만주지역과 러시아 연해주 지방으로 이주하였다. 이때 유인석柳麟錫은 통화 집안集安에 와서 보약사保約社를 조직하고, 경상북도의 이경년李庚年과 황해도의 홍범도洪範圖는 장백현과 무송 임강으로 다니며 포수단砲手團을 조직하였다. 유인석은 간도에 항일전을 지속적으로 할 수 있는 근거지를 세울 것을 주장하였다.

규암은 이러한 시대적 상황에서 개척지를 더욱 발전시켜 나가면서, 간도 이주민들의 정신적 지도자로 부상하였다. 그는 언제나 항산恒産을 가지고 사물을 처리하는 데 신심을 기울여 이주민을 보살폈으며, 일제에 빼앗긴 나라를 다시 찾겠다는 항심恒心을 잃지 않고 의병과 의사義士들의 항일 독립운동을 물심양면으로 도왔다.

규암은 함경북도의 오룡천 실학자들로부터 배운 맹자의 정치 철학의 세 가지 원칙, 즉 신信·식食·병兵을 지켜 나갔다. 이러한 그의 철학은 이주민들에게도 커다란 감명을 주었으며, 그와 함께 간

러일전쟁 때 여순으로 진격하는 일본군들

포수출신 의병들

도 이주민들이면 누구나 존경하는 지도자가 되었다. 간도의 중국 관헌들도 한인들 사이에서 또는 중국 관헌과 한인 이주민들 사이에 어떠한 문제가 발생하면 항상 규암과 상의하고 그의 도움을 청하였다. 규암은 항일 독립운동과 이주민들의 윤택한 삶을 보장하기 위해 우선적으로 할 일은 교육이라고 판단하고 이주민들의 자녀들을 대상으로 민족교육 사업에 나서기에 이르렀다.

북간도 민족교육의 요람, 명동학교

서당 규암재를 신교육의 요람, 명동서숙으로 발전시키다

규암과 이주한 가족들은 주거생활 터전과 농지를 정리하는 한편 곧바로 학교를 세웠다. 이는 교육을 중시하고 학문을 추구하던 이들의 신념에서 비롯된 것이었다. 비록 고향을 떠나 외지에 살지만, 교육문제를 게을리 할 수 없다는 의지의 발로이기도 했다.

1901년 규암은 자신의 호를 따 장재촌에 규암재圭巖齋라는 서당을 열었다. 함께 이주해 왔던 다른 가문에서도 그들의 후손들을 위해 서당을 마련했다. 소암 김하규는 대룡동에 소암재素岩齋, 남위언 가문은 중영촌에 오룡재五龍齋라는 서당을 세웠다. 이들 서당에서는 한문과 한학을 가르쳤는데, 규암은 맹자孟子, 소암은 주역周易을 가르쳤다. 서당의 한학교육은 1901년부터 1908년까지 약 7년여 동안 계속되었다.

구한말 우리나라 교육은 주로 한학 위주였다. 천자문을 시작으로 사서삼경을 통달하고, 삼강오륜을 익히고 실천해야만 선비가 될 수 있는 기본이 갖춰졌다는 말도 있었다. 뿐만 아니라 이들은 서

북간도 한인촌 서당에서 공부하는 모습

당에서 한학漢學 습득을 통해 조선의 전통적 질서와 풍습을 유지해 가려 했던 일면도 지니고 있었다. 외지의 생활이지만 조선적인 것을 잃지 않으려는 뜻이었고, 이를 통해 이들의 협동과 연대가 굳건해 질 수 있었기 때문이다.

이들은 일상적으로 필요한 정신, 즉 자기 힘으로 문제를 해결해 나가야 한다는 자력갱생自力更生의 원칙과 남에게 의지하지 않고 자조자립自助自立하는 정신을 가르쳤다. 예로부터 서당은 유교이념을 가르치는 곳으로서의 교육적 의미가 강했다. 그러나 간도 이주민들의 서당은 글과 생활원칙을 함께 가르치는 곳이었고, 집단생활 속에서 이웃과 함께 민족공동체를 만드는 법을 배우는 곳이기도 했다. 이러한 서당교육은 7년간 지속되었고, 그러는 동안 규암과 다섯 가문의 유대는 더욱 깊어져 갔다.

규암과 다섯 가문은 자신들의 마을을 명동明東이라고 이름 붙였다. '동쪽을 밝힌다'는 명동의 지명은 동東, 즉 조선을 밝게 한다는 뜻을 지니고 있었다. 그리고 명동촌은 그런 사람들이 살고 있는 마을이었다. 명동촌의 지명과 관련해서는 그들이 늘 공부하는 "대학大學"에서 유래했다고 보는 설도 있다. 즉 "대학"의 제1장에서 말하는 "대학지도 재명명덕 재친민 재지어지선大學之道 在明明德 在親民 在至於至善"의 의미에서 명동이라는 이름을 지은 것이라고 추정하는 것이다.

이름의 유래야 어쨌든, 마을이름으로 명동을 지정한 이래 '명동'은 교육, 종교, 민족운동 등에 이르기까지 이들의 모든 삶을 상징하는 것으로 자리잡아 갔다. 그리고 마을 사람들은 이러한 정신적 믿음을 통해 공동체적 생활체를 이룩해 나갈 수 있었다. 그 대표적인 예로 명동촌 여성들의 '이름짓기'에서 찾아 볼 수 있다. 이무

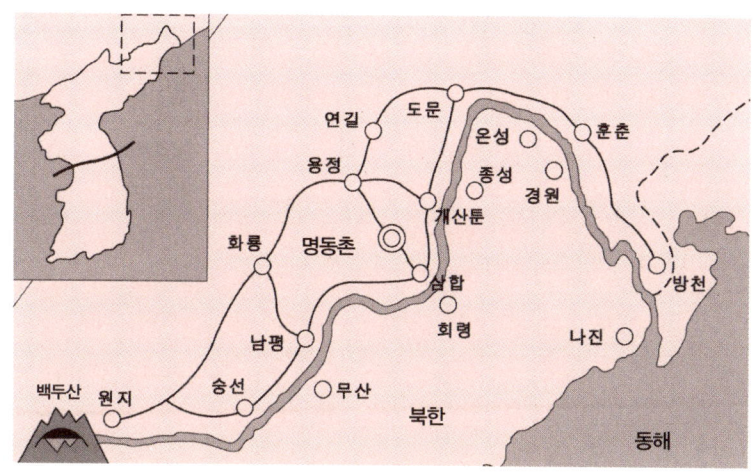
명동촌 위치 지도

렵 여성들은 자기 이름을 갖지 못한 채 어려서는 '이쁜이', '곱단이' 등의 아명으로 불리다가 결혼하면 택호를 달아 '회령댁', '종성댁' 등과 같이 불리는 것이 일반적이었다. 이는 남녀차별에서 비롯된 것이었으나, 명동촌 여자들은 이를 타파하는 데 앞장 섰다. 그리고 여인들의 이름 첫자에 신희, 신덕, 신현, 신묵 등 믿을 신(信) 자를 넣곤 했다. 인간과 인간 사이를 가로막는 장벽을 허물자는 믿음에서 우러난 남녀평등사상의 발로에서 비롯된 것이었다.

　이러한 명동은 두만강 건너의 간도에 있는 첫 마을로 우리나라의 애국투사들이 일본인들을 피해 만주로 갈 때나 일본인들을 상대로 거사를 준비할 때 늘 찾아오는 곳이 되었다. 시베리아 한인사회의 지도자 이동휘도 머물렀고, 안중근도 이곳에서 거사준비를 하였다는 이야기가 지금도 전해지고 있다. 규암은 만주와 간도 그리고 러시아와 연해주로 오가는 애국지사들을 여유 있고 따뜻한 마음으로 영접하고 힘껏 도와주었다. 간도 이주민의 지도자로서 그는 조국의 독립을 위해 일본과 싸우려는 항심을 품은 채 생활 속에서 늘 항산을 유지하였던 것이다.

지리적으로 교차선상에 위치한 곳은 새롭게 유입되는 과학기술 문명이나 사상, 제도 등 다양한 분야의 새로운 풍조들이 쉽게 전파되게 마련이다. 간도도 예외가 아니어서 신학문의 필요성을 느끼고 있었다.

1906년 10월 이상설李相卨과 그의 동지들이 국외, 특히 명동에서 가까운 용정의 서전瑞甸 벌판에 새로운 교육기관인 서전서숙을 설립한다고 하였을 때 규암은 대찬성하였다. 이상설은 이름있는 선비였고 독립투사였으며 조정朝庭과도 연락이 닿는 당대의 거물 인사였다. 당시 이상설은 37세의 장년으로 규암과 비슷한 나이였다. 이상설이 동료인 이동녕, 여조현(여준), 정순만, 박정서(무림), 김우용, 황달영 등과 함께 서전서숙을 건립할 때 많은 자금이 필요하였다. 용정으로 이주해 온 농민들은 대다수가 빈농들이었기 때문에 사립학교 설립을 위해 도움을 청하기는 어려운 일이었다. 이상설은 당시 용정의 부호로 천주교를 지도하던 천주교 회장 최병익崔秉翼의 신축가옥을 사들여 학교 교사로 하고 학교를 설립하였다.

이상설이 용정에 서전서숙을 설립한 것은 일본의 침략과 탄압을 피해 간도로 이주해 온 우리 민족의 항일의식을 고취시키고 조국 독립운동을 장려하여 민족의식이 투철한 인재를 양성하기 위한 뜻에서였다. 때문에 서전서숙은 학생들에게 무상교육을 실시하면서 이 지역 사람들의 민족의식을 일으켜 세우는 데 힘을 기울여 나갔다. 이상설을 숙장으로 서전서숙의 운영은 이동녕과 정순만이 맡았고, 교사는 이상설을 포함해 서전서숙을 설립한 다섯 사람이 책임졌다.

이들이 가르친 과목은 역사, 지리, 산술, 수신, 정치, 법률, 국제공법, 한문, 습자 등 다양한 신학문들이었다. 이 교과목들은 고서를 탐독해야 했던 서당교육과는 달리 혁신적 교육의 변화였다. 서전서숙의 학교수준은 중학교 정도였으며, 이상설은 자신이 집필한 산술 책을 교과서로 활용하기도 하였다.

서전서숙을 창립한 이상설

서전서숙이 문을 열자 첫 입학생은 22명이었으나, 점차 사람들에게 알려지면서 학생수는 곧 70명 정도로 증가하였다. 당시 용정촌의 인구가 한인 96세대, 중국인 5세대 등으로 모두 합해야 400여 명밖에 되지 않았던 것을 감안하면 적지 않은 수의 학생이 서전서숙에서 교육을 받았다고 보아야 할 것이다. 물론 용정의 젊은이들만이 학교에 입학한 것은 아니었다. 멀리는 연해주와 함경도 등지에서 유학오는 학생들도 있었다.

학생들은 그들의 교육정도에 따라 갑·을·병 세 반으로 나눠서 가르쳤다. 그러나 처음부터 서전서숙의 신학문 교육이 쉬운 것만은 아니었다. 학생들의 교육정도도 너무 차이가 났으며, 좋은 조건에도 불구하고 용정의 이주민들은 자녀들을 학교에 보내지 않았다. 자진해서 학교에 등교하는 학생들 또한 많지 않았다. 생활이 곤란한 빈농들은 생계를 해결하기 위해 노동해야 했기 때문에, 학교에 대한 관심이나 신학문을 배울만한 여유가 없었다. 이동녕을 비롯한 서전서숙의 교사들은 직접 주민들의 집을 일일이 방문하여 자녀들을 학교로 보내 줄 것을 간곡히 부탁하였다.

한편 규암은 서전서숙의 설립을 기뻐하며, 규암재의 문하생인 김학연과 남위언을 그곳으로 보내 신학문을 배우도록 하였다. 이는 새로운 시대가 도래할 때 신시대의 변화에 능동적으로 대처해 간 규암의 면면을 엿볼 수 있는 대목이기도 하다.

그러나 서전서숙의 존립은 오래가지 못하였다. 서전서숙을 세운 이상설이 고종의 특사로서 헤이그에서 개최되는 제2회 세계만국평화회의에 참석해야 했기 때문이다. 나라의 위기를 구하기 위해

서전서숙의 옛모습. 서전서숙이 문을 닫은 후 일제는 이곳을 사들여 간도 보통학교를 세웠다.

국제사회에서 해야 할 일이 있었던 이상설은 1907년 4월 경 이동녕과 정순만을 대동하고 간도를 떠났다. 이상설이 떠나자, 서전서숙의 운영은 곧 곤경에 처하게 되었다. 1907년 8월 일제가 통감부임시간도파출소를 설치하며 서전서숙에 대한 감시와 압박을 가중시키는 상황에서 이상설의 후임으로 서전서숙의 숙장을 맡았던 여준은 김우용, 황달영 등과 함께 학교 운영을 위해 온 힘을 기울였다. 그러

1907년 네덜란드 헤이그에서 열린 제2회 세계 만국평화회의 광경

나 심각한 재정난과 일제의 탄압에 의해 결국 학교는 문을 닫고 말았다.

이렇게 해서 1년여의 짧은 기간 동안 존재한 서전서숙이었지만, 서전서숙이 간도 한인사회에 미친 영향은 지대하였다. 간도 이주민들에게 신학문을 최초로 소개한 학교였던 점도 그렇지만, 무엇보다 민족의식을 불러일으켰다는 점에서 서전서숙은 각별한 의미를 지니는 것이었다. 비록 서전서숙이 문을 닫아야 했지만, 서전서숙에서 시작된 민족교육에 대한 이 지역의 열풍은 명동의 명동서숙明東書塾을 비롯하여 와룡동의 창동서숙昌東書塾, 소영자의 광성서숙光成書塾, 자동의 정동서숙正東書塾 등으로 불 같이 번져 나갔다. 그러면서 북간도 지역의 민족교육은 비로소 제 땅에 뿌리를 내려 나갔다.

통감부 간도임시파출소와 일제 관헌

사실 서전서숙은 현지인들과 사정이 달랐던 외지인들이 세우고, 가르치는 과정에서 초기에는 현지인들의 호응을 얻지 못하는 어려움을 겪어야 했다. 더욱이 국내에서 더이상 살 수 없어 고향을 떠나야 했던 용정 사람들의 심경에서 볼 때 조선 말엽의 조정이나 서울에서 출세한 당대 정치인 또는 지식인들이 선뜻 내키지 않는 것은 어쩌면 당연한 일이었을지 모른다. 따라서 그들이 무료로 신교육을 한다고 하더라도 용정

북간도의 민족학교들

광성학교 터(오른쪽)
동창사은비가 보이는 창동학교 터(아래 왼쪽)
정동학교의 옛교사와 졸업생들(아래 오른쪽)

1932年3月19日私立私刘学校第十一回卒業記念撮影 金剛山

한인들의 반응은 냉담하기까지 할 정도였다.

　간도 이주민들은 처음부터 자신들과 함께 하고 자신들의 처지를 잘 이해하는 지도자를 필요로 하고 있었다. 그런 점에서 그들과 함께 동고동락하며 땅을 개척하고, 어려움을 헤아려 주던 규암은 바로 한인 이주민들이 바라는 진정한 지도자였다.

　규암이 규암재를 신교육의 요람인 명동서숙明東書塾을 세워 나가자 주변은 모두 호응하면서 명동서숙으로 몰려들어 왔다. 학교 설립과 운영에 필요한 경비에 있어서도 서전서숙은 창설자가 사재를 털어 부담하였으나 명동서숙은 이주민의 재산인 학전에서 소출되는 수입으로 충당하였다. 명동학교를 재정적으로 뒷받침한 것은 그들이 개척한 땅의 한부분으로 마련된 학전이었던 것이다. 학전은 팔 수 없는 이주민들의 공동재산이었다.

　서전서숙이 1년만에 문을 닫아야 했던 것과 달리, 명동서숙은 명동중학교로 발전하며 25년간 유지될 수 있었다. 또한 명동학교는 남녀 평등을 실현하기 위해 명동 여학교를 병설하기도 했으며, 일제가 학교를 불태우는 만행을 겪으면서도 굴하지 않고 다시 교사를 지어 올리기를 반복하면서 학생들을 가르쳐 나갔다.

　이렇듯 명동서숙이 북간도 민족교육의 구심점으로 발전한 것은 규암에 대한 현지인의 열렬한 믿음과 함께 규암의 인격, 지도력이 바탕을 이루었기 때문에 가능했다.

　명동학교를 졸업한 졸업생은 1,200명이나 되었다. 그들의 독립

《독립신문》에 사방자(四方子)라는 필명으로 기고된 명동학교 관련 글(위), 규암의 회갑 때 규암재에 모인 가족과 하객들

명동소학교 출신자

저항시인 윤동주(왼쪽)와 송몽규(오른쪽)

명동학교 출신의 문익환(뒷줄 가운데)과 윤동주(뒷줄 오른쪽)

명동학교 교복을 입은 나운규, 영화 〈아리랑〉의 제작·시나리오·감독·주연을 맡았다.

운동을 일일이 나열하자면 독립운동사를 다시 써야 할 정도이다. 대표적인 인물로 우리나라 독립운동에 기여한 민족의 순국시인 윤동주와 분단된 조국을 통일해 보겠다고 북北으로 갔다가 시련을 당한 문익환 목사를 꼽을 수 있다.

규암은 명동학교에서 학생들을 선발해 중국 북경대학과 일본의 여러 대학으로 유학을 보내고 명동에 있는 본교에서는 새 학문을 소개하는 교육사업에 온 힘을 기울였다. 그는 민족교육을 하는 동안 학생들에게 민족의 자부심을 심어주었고 민족의식을 각성시켰다.

명동학교에서 기독교를 수용하다

규암이 규암재와 근교에 있던 서재를 통합하여 명동서숙을 설립한 것은 1908년 4월 27일의 일이었다. 흔히 명동서숙은 서전서숙으로부터 교육이념과 민족정신을 이어받았다고 한다. 그러나 냉철하게 분석해 보면 규암의 교육이념과 민족정신은 오룡천에서 명동으로 집단 이주하여 규암재를 세웠을 때 벌써 완비되어 있었다는 것을 알 수 있다. 서전서숙으로부터 이어받은 것은 이념과 정신이 아니라 신학문을 가르칠 수 있는 교사들이었다. 서전서숙은 이상설처럼 학자 겸 정치인도 있었으나 그의 동료들 중에는 이동녕, 정순만 같은 정치인과 행정가도 있었다. 또한 여준, 김우용, 황달영과 같은 교육자들이 있었다.

간도 독립운동의 중심지였던 명동학교 터. 색원으로 나타낸 부분에 명동학교 표석이 세워져 있다.

규암은 앞으로 신학문을 가르칠 수 있는 자격을 갖춘 교사들을 채용하기 위해 서전서숙의 박정서(박무림)를 명동서숙의 숙장으로 임명하였다. 규암과 동지인 박정서는 서전서숙이 생길 때 새로운 교육체제를 익히기 위해 규암이 보낸 사람이기도 했다. 이러한 박정서를 숙장으로 모시고, 자신은 숙감으로 서숙의 실무를 담당하였다. 그리고 서숙의 재정은 오룡천에서 이주한 다섯 가문 중에서 가장 경제력이 강했던 문치정이 맡았다.

그러다가 명동서숙은 다음해인 1909년 명동학교로 발전하였고, 이때 규암이 교장으로 추대되었다. 그러면서 학교는 본격적으로 새 학문을 가르치는 교육의 장으로 발돋움 했다. 처음에 학생 42명으로 시작한 학교 교육은 규암과 김학연·남위언·김하규·여준

등이 맡았다.

    여기에서 우리가 분명하게 이해해야 할 것은 명동학교가 간도 이주민들의 학교였고, 그들과 생활하며 생사를 함께 한 지도자 규암을 주축으로 운영되는 학교였다는 것이다. 또한 외부로부터 실력 있는 학자나 선생을 모셔도 결국 그들이 명동으로 이주하여 간도 이주민들의 진정한 교사임을 확인시켜 주었다는 것이다.

명동학교 표석(위)과 교기

이러한 명동학교는 놀라울 정도로 발전해 갔다. 1911년 명동학교의 학생수가 여학생 46명을 포함하여 모두 160명으로 늘어났으며, 이듬해인 1912년에는 180명으로 늘어났다. 제1차 졸업생은 1911년 7월 2일에 배출하였다. 그리고 2차 졸업생을 1913년 4월 3일에 배출하였으며, 1914년 4월 7일에 제3차 졸업생을 배출하였다. 당시 졸업식에는 남학생 140명, 여학생 30명을 포함하여 내빈 인사들, 화룡현 지사(대리 참석) 순관, 통역인, 부형들을 포함한 약 500명이 참석한 가운데 성황리에 개최되었다.

2~3년 사이에 학생수가 4.5배 가량 늘었다는 말이다. 이는 명동촌의 이주민들의 문화수준과 규암의 지도력, 그리고 오룡천 이주민들이 간도에서 땀흘려 농사짓고 일해 모은 재력에 기인했다고 볼 수 있다.

숙장으로서 규암은 급증하는 학생들을 제대로 가르칠 교사를 채용해야 할 의무감을 느꼈다. 이것이 바로 그의 독립운동, 항일운동의 시초였다. 일반 교사를 채용해서 충당하는 것은 그리 큰 문제가 아니었지만 규암은 한걸음 더 나아가 가장 유능하고 우수한 교사를 채용해 민족의식을 풍부히 심어주고자 하였다. 학교의 수준과 앞날은 교원들의 능력과 노력에 의해 좌우된다는 것을 규암은 누구보다도 잘 알고 있었기 때문이다.

이무렵 규암은 서울에서 상동청년학원을 나온 정재면을 주목하였다. 신민회 회원이던 정재면이 신교육은 물론 민족의식을 함양

신민회 회원들 왼쪽 위부터 안창호, 전덕기, 양기탁, 이동녕, 김구, 조성환, 신채호, 이동휘, 이갑 등

시키는 데 더없이 좋은 적임자라 판단한 때문이었다. 신민회는 잘 알려진 것처럼 안창호·이갑·전덕기·양기탁·이동녕·김구·조성환·신채로·이동휘 등의 인사들이 만든 비밀결사로서, 나라의 위기가 급박해지면서 해외독립운동기지를 건설하여 독립전쟁을 전개한다는 방략을 채택한 독립운동단체였다.

규암은 명동서숙의 숙장이던 박정서의 소개로 정재면에게 명동학교 교직원이 되어 줄 것을 제의하였다. 독실한 기독교인이던 정재면은 당시 원산의 장로교 노회가 파견한 북간도 교육단의 일원으로 용정에 와 있었다. 정재면은 정대위의 선친으로 그 당시 명망이 높았던 애국지사였고 또한 교육가였다. 규암의 부탁에 정재면은 명동학교에 오는 조건으로 두 가지 사항을 요구하였다. 그것은 학교에서 성경을 가르칠 것과 예배를 보는 것이었다.

정재면의 요구는 규암에게 또 하나의 도전이었고, 명동학교 발전에 큰 영향을 미칠만한 것이었다. 당대의 유림이었던 규암에게 기독교 수용은 그리 쉬운 일이 아니었다. 유학은 완벽한 신분사회를 유지하고 지향하는 사상을 기본으로 하고, 기독교는 평등사회를 부르짖는, 즉 하나님과 예수 앞에서는 누구나 다 죄인이라는 사상을 기본으로 한다. 이와 같이 유학과 기독교는 서로 상반되는 이념을 가지고 있는 것이다.

이를 놓고 고민하던 규암은 마을 사람들과 심고를 거듭하다가, '훌륭한 선생님을 모시자니 할 수 없다'는 결론에 이르렀다. 그리고 결국 규암도 기독교 사상을 받아들이기에 이른다. 하지만 규암의 이러한 이념적 전환은 하루아침에 이루어진 것이 아니라 오랜 시일을 두고 변화되었다고 생각한다. 그의 위대한 지도력은 자기 자신의 사상 전환보다 명동학교의 장래에 더 큰 비중을 두고 정재면을 채용하기로 결정한 데 있다. 규암은 사상에 관계없이 정재면과 그가 주장하는 기독교를 열성적으로 받아들이고 지원하였다. 뿐만 아니라 정재면을 교무주임으로 임명해서 명동학교를 기독교 학교로 만들었다. 규암이 기독교를 받아들이는 것을 보고 명동촌으로 이주해 온 다섯 가문의 지도자 전체도 집단 이주해 온 단결심을 발휘해 집단 입교하고 명동학교를 기독교 학교로 만들었다. 여기에 보이지 않는 규암의 지도력이 영향을 미쳤음을 추측할 수 있다.

규암은 정재면을 채용한 후에도 기독교 계통의 교사들을 많이 채용하였다. 국사에 황의돈, 국어에 장지영, 윤리에 박태환, 체육에 김홍일과 김치관, 법률에 김철, 수학에 최기학 등을 채용하였다. 또한 명동학교의 여학생을 위하여 이동휘의 차녀 이의순과 정재면의 누이동생 정신태를 채용하여 성경과 음악 그리고 재봉을 가르치도록 조치하였다. 이외에도 송창희·박태식·박경철·김성환·김승근 등의 교사들을 채용해 명동학교는 일약 간도 최고의 학교로 발전하였다. 신민회가 세웠던 평양의 대성大成학교, 정주의 오산五山학교와 더불어 간도의 명동학교는 3대 사학을 이루게 되었다. 이러한 발전은 명동학교의 자랑이고 간도 이주민 전체의 자랑이기도 하였다.

기독교 학교로 바뀐 명동학교는 마을 한가운데 명동교회를 설립하고, 전교 학생과 교사들이 공부를 시작하기 전 예배를 보았다고 한다. 기독교인에게는 이러한 일련의 업적이 "하나님의 섭리"라고 할 수 있을 지 모르나 규암과 정재면에게는 끝없는 노력으로 명동학교에 막대한 변화를 가져온 것이었다. 서전서숙에서 명동학교로 온 여준은 대종교 신자로서 명동학교가 기독교로 변하자 신흥중학고 교장으로 전근하였다.

규암은 자기가 채용한 교직원을 위해 주야로 봉사하였다. 자신은 조밥을 먹으면서 교직원들의 일상생활을 높이기 위해 그는 몸소 두만강 유역으로 가 쌀을 사서 등에 짊어지고 돌아와 교원들을 대접하였다. 또한 교원들도 학전을 운영하는 데 학생들과 함께 스스로 거름을 만들고 밭을 일구는 일을 하면서 솔선수범 자력갱생의 힘을 보여 주었다. 이렇게 명동학교는 교사와 학생들의 힘을 합하여 규암이 뜻한 바대로 잘 운영되었으며, 1915년 경에는 당시의 학교시설로는 모여드는 학생들을 감당할 수 없을 정도로 대규모의 학교로 자리잡을 수 있었다.

명동학교의 명성은 이제 북간도 지역을 넘어 국내와 연해주 등지로 퍼져 나갔다. 함경도 회령 등지에서 유학오는 학생들로 명동촌으로 가는 길에는 인적이 그치지 않았고, 연해주에서도 10여 명

신민회 교육구국운동으로 설립된 대성학교(위)와, 오산학교(아래)

씩 떼를 지어 명동학교에 입학하는 풍경을 그려내고 있었다.

그러한 상황에서 규암은 미래를 내다보고 학교의 발전에 대비하여 기숙사를 새로 짓고 교사도 증축하였다. 때로는 건축비가 모자라서 그는 미국에 있는 동포들에게 건축비를 보조해 줄 것을 호소하기도 했다. 한편 간도나 국내에서 구할 수 없는 책, 예를 들면 박용만의 《군인수지軍人須智》 또는 《국민개병론》 등을 미국에 주문하여 교재로 보충하려고 하였다. 1918년에는 명동학생 중심으로 《자유의 종》이라는 잡지를 발간하고 올바른 사상을 학생들에게 심어 주었다. 이렇듯 규암은 자기가 하는 일에 자부심을 가지고 명동학교를 지도하였다.

그러나 명동학교의 눈부신 발전을 그냥 가만히 지켜만 볼 일제가 아니었다. 곧바로 학교에 대한 경계와 간섭이 시작되었고, 일본의 간섭이 심해지면 질수록 명동학교를 중심으로 일어나는 항일운동의 기운도 더욱 높아만 갔다. 그리고 1919년 3·1운동의 파도를 타고 용정에서 3·13 반일시위가 일어날 때 명동학교 출신과 학생들은 그 중심에 서서 항일운동을 전개해 나갔다. 그러자 일제는 명동학교를 간도 지역 항일운동의 진원지로 주목하고 압박과 탄압을 강화해 왔다. 그리고 결국 명동학교는 일제가 1920년 10월부터 11월까지 간도 지역의 한인에 대해 무자비하게 학살하고 방화, 약탈할 때 교사가 전부 불태워지는 참변을 겪어야 했다.

규암은 파리 강화회의가 열린다는 소식을 듣고 강화회의에 한국 김약연 교장이 미주 대한인국민회에 신한민보와 교과서로 활용할 책자 송부를 요청하는 편지(위)와, 명동학원 교직원 일동이 대한인국민회 북미지방총회에 보낸 명동학교교사건축의연모금 취지서(아래)

대표 파견을 준비하였다. 1919년 2월, 규암은 정재면 등과 간도 대표단을 구성하고 재러한인들과 대표 파견 문제를 논의하기 위해 니콜리스크로 떠났다. 간도 한인들과 재러 한인들은 연대해 독립운동을 진행할 계획을 세운 후 규암은 3월 21일 간도로 돌아왔으나 일제는 중국 당국에 압력을 넣어 규암은 감옥에 수감되었다.

중국 국자가 감옥에 수감되어 있는 동안, 명동학교가 참변을 입었다는 사실은 결국 규암이 일구어낸 민족교육과 독립운동 때문이었다. 그런 점에서 명동학교는 일제에 굴하여 추하게 목숨을 연명하는 것보다, 자유와 정의를 위해 장렬한 희생을 맞이한 것이나 다름없었다. 때문에 비록 일제에 의해 만신창이가 되었다고 하더라도 그것은 명동학교가 전개한 민족교육과 독립운동의 진정한 승리를 말해주는 것이었다.

일제의 만행에도 명동학교는 불사조처럼 다시 일어났다. 다음해 명동의 학생과 교사들 명동교회 교인 그리고 명동마을 사람들이 학교를 재건하기 시작한 것이다. 교실 다섯 칸이 갖추어진 새 교사는 1922년 3월 12일부터 건축시공에 들어가 1923년 6월에 완공되었다. 그리고 규암도 출옥 후 다시 학교 재건을 위해 노력하였다.

그러나 일본의 압박이 계속 강화되는 가운데 1924년 대흉년이 들면서 간도 한인사회는 큰 경제적 혼란을 맞이하게 되었다. 마침내 1925년에 학교운영이 불가능하게 되자 명동소학교만 남기고 명동중학교는 폐교를 선언하고 학교 문을 닫고 말았다. 이러한 상황

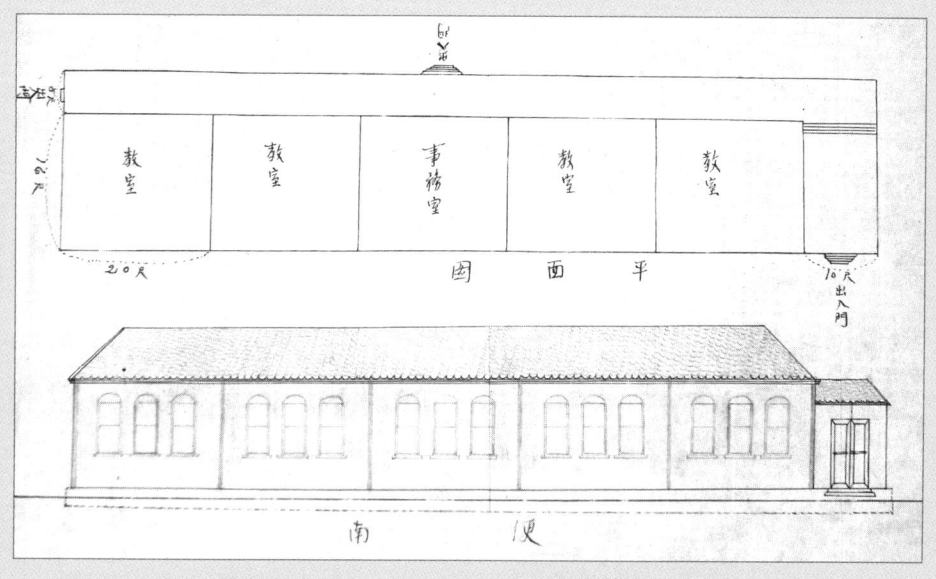

명동학교 교사 설계도(위), 명동학교 기와에 새겨진 태극·무궁화 십자가 문양

명동학교 신축건물 낙성식(위), 명동학교의 완공된 건물에서 거행된 첫 졸업식(아래)

규암이 이사장을 역임한 은진중학교 전경(위), 은진중학교 14회 졸업식. 맨 오른쪽 한복을 입은 규암(아래)

에서 학교에 남아있던 학생들은 용정에 있는 캐나다 선교부가 세운 은진중학교恩眞中學校로 전학하여 학업을 계속 하였고, 규암은 은진중학교 이사회 이사장으로 전임하였다.

규암의 민족교육은 규암재를 세운 1900년부터 1925년까지 25년 동안 계속되다가 폐교되었지만 이것은 규암의 신학문 교육의 실패가 아니었고 일본 침략자들의 패배였고 만행이었다. 규암이 옥중에 있는데도 명동학교를 불태웠다는 것은 규암에게 민족교육의 승리를 가져다 준 것이나 다름 없었다. 이런 것을 잘 이해하고 일본에 대항한 규암은 이 후 항일운동을 더 치열하게 전개하며 기독교라는 종교와 사상에 대해 신중하게 생각할 기회를 얻었던 것 같다.

규암의 기독교 신앙

규암의 기독교적 종교 신앙과 관련해서는 몇가지 오해가 있는 것 같아, 그의 기독교 신앙을 이해하기에 앞서 오해를 풀고 가기로 한다. 한 예로 규암을 비롯한 다섯 가문의 집단이주자들이 기독교인이 되기 전 동학을 종교로 가지고 있었다고 하는 것이다. 그러나 이것은 어디까지 소문과 추측에 불과할 뿐 어디에도 증거가 없이 떠도는 말에 불과하다. 그런가 하면 한국교회의 "사도행전"을 썼다는 한 기독교인은 규암이 본질적으로 지니고 있던 자아의식과 민속신앙적 요소로 인하여 기독교에 대하여 일종의 경쟁의식을 가지고 있었다고 보는 견해도 있다.

또한 정재면이 명동학교에 올 때 성경을 가르치는 것과 예배 보는 것을 조건으로 내세우자 규암은 내심으로 못마땅하게 생각했으나 기독교를 통해 신교육과 서양문화를 빨리 도입할 욕심 때문에 기독교와 정재면을 받아들였다고 주장하는 것도 그러하다. 그리고 정재면이 주관하는 기독교 의례를 "꾹 참고 앉아 기도하는 체 하고 예배도 보는 체 하다가 그만 신자가 되고 말았다"는 것이다.

규암에 대한 이러한 경솔한 관찰과 인식은 규암이 걸어온 길을 전혀 모른 채 무책임하게 늘어놓는 한담이 아닐 수 없다. 기독교에 입문하기 전, 물론 그는 실학적 사고의 유교주의자였다. 그러나 새로운 시대의 변화에 누구보다 앞장서 신시대를 열어 갔던 개척 정신의 소유자였다. 규암의 인품으로 볼 때 정재면을 채용하는 문제와 자신의 신앙을 구하는 문제를 분명 구분할 수 있었다고 생각한다. 때문에 훌륭한 교육자를 초빙하기 위해 기독교를 믿었다거나, 억지로 기도하고 예배하다가 신자가 되었다는 기록이나 주장은 진실과는 다른 억지에 불과한 것이다.

사실 규암에게 기독교를 전도한 사람은 캐나다 선교사 구례선具禮善(Robert Grierson)이었다. 구례선은 규암의 동지인 성재 이동휘가 한국을 피해 연해주로 가려 할 때 그를 자기의 성경 매서인賣書人으로 가장하여 러시아로 무사히 피신할 수 있게 해준 선교사였다. 구례선은 명동에 와서 규암과 기독교에 대한 이야기를 했다고 전해

로버트 그리어슨 (구례선) 선교사

노년의 정재면. 명동학교 교원으로 초빙되어 명동교회를 설립하였다.

진다. 이동휘 역시 1911년 명동에 와서 부흥사경회를 열면서 전도할 만큼 규암은 기독교를 폭넓게 접하고 있었으며, 또한 이를 긍정적으로 받아들이고 있었다.

규암은 기독교를 서양문화의 전파자이며, 자신의 근대적 자각을 일깨워 독립운동을 도와줄 수 있는 종교라고 생각하였다. 절친한 동지이자 대한국민회 회장인 구춘선具春善의 기독교 신앙 역시 규암의 사상전환 과정에서 많은 영향을 미쳤던 것으로 여겨진다. 구춘선은 자신과 같이 무관 가문의 출신이고 항일 독립운동의 선두에 섰던 북간도 한인사회의 지도자 가운데 한 사람이다. 그 또한 독립운동의 방략도 규암과 크게 다르지 않았다.

규암을 옆에서 지켜보면서 그에게 전도한 사람은 물론 정재면이다. 규암은 이때 벌써 40세가 지난 장년이었으므로 자기 개인의 영혼 구원이나 사죄보다도 기독교가 미칠 수 있는 영향력, 즉 명동촌과 명동학교에 미치는 영향을 생각하지 않을 수 없었을 것이다. 특히 당시 간도 이주민사회의 지도자의 위치에 있던 규암은 자신의 기독교 수용이 간도지역의 한인과 사회에 어떻게 미칠 것을 고려하지 않았을 리 없었을 것이다.

대한국민회 회장 구춘선

정재면 또한 도량이 넓은 인품의 소유자였다. 그는 교파를 따지지 않고 민족운동을 위한 길이라면 다양한 인사들과 교류를 유지해 나갔다. 그는 장로교 교인이었으나, 일찍이 상동청년회에서 일할 때 감리교파인 상동교회의 목사 전덕기를 비롯하여 여러 사람들과 어울려 민족운동에 앞장서 나갔다. 규암은 이러한 정재면과의 교류를 통해 장로교에 입교했으며, 정재면은 규암의 오른팔이 되어 명동학교를 이끌어 갔다.

규암은 기독교를 수용한 후 명동지방의 기독교회 대표로 일하면

명동학교 교사들. 왼쪽부터 박태환, 장지영, 김홍일

서 다른 교회 대표인들과 함께 캐나다 선교부 시찰목사에게 선교사 청원서를 보냈다. 이 청원서를 보면 규암은 먼저 캐나다 선교부에 감사를 드린 후 간도에 중학교를 설립하는 것과 기독교병원을 설립하는 것이 중요하다고 청원하였다. 또한 간도에 교회는 40여 곳이 있고 교인은 1,600명 정도 있다고 하면서 이 무리들은 한 두 사람의 전도인으로는 능히 돌볼 수 없다고 하였다. 따라서 간도지방을 4구역으로 나누어 각 구역마다 목사 1인, 조사 1인, 전도사 2인, 여전도사 1인, 남녀 매서인 1인씩을 보내달라는 청원서였다.

이렇게 빨리 자라는 기독교의 교회 발전과 성장을 위해서 일하고자 하는 교인도 많이 있었다. 도리어 노회에서는 교인들이 교역자가 되겠다고 원하는 사람들에게 여러 가지 조건을 제시하면서 그들의 믿음을 확인한 것 같다.

예를 들면 1912년 함경도노회 제2차 회의에서는 교역자나 교회 선생들에게 담배를 피우지 못하게 하였고 신학교를 가려면 세례를 받고 5년 후에 입학원서를 내도록 규정하였다. 이러한 규칙에 따라 이동휘도 세례를 받고 기다렸다고 한다.

또한 평양에 있는 평양신학교에서는 교장 마포삼열馬布三悅(Samuel Moffett)선교사가 지방교회에서 신학

마포삼열(마펫) 선교사

교 학생을 추천 할 때 미리 준비해야 할 다섯 조건을 제공하기도 하였다. 다섯 조건은 다음과 같다.

(1) 25세 이하는 다른 자격이 합당하고 또 대학졸업생이라야 한다.
(2) 27세 이하는 중학졸업생이어야 하고 중학졸업 못한 자는 27세까지 중학교에서 공부한 후에 신청하도록 하라.
(3) 40세 이상은 특별한 자격이 필요하다.
(4) 25세에서 40세 중간에 있는 자는 대학이나 중학을 졸업 못 하였으면 다음과 같은 자격이 있어야 한다.
  ㄱ. 언문 외에 한문이나, 일문이나 영문으로 작문을 할 수 있어야

회령교구의 캐나다 선교사 가족들

    하고

ㄴ. 수학과 세계지리를 알아야 하고

ㄷ. 신구약을 공부하고 열람한 자

ㄹ. 성경학교나 도사경都査經을 4개월 이상 공부한 자

ㅁ. 천로역정과 구약사기와 조선예수교 장로회에 성경과 요리문답과 교회정치를 강講 할 수 있는 자

ㅂ. 3년간 교회직분과 매서로 시무한 자.

(5) 신학교에서 3년 공부하는 동안에 조사나 장로 직분을 받은 자라야 사등四等에서 공부할 수 있음.

규암은 일단 명동교회의 장로 직분을 받은 뒤 1915년 8월 25~28일 원산에서 열린 함경노회 제5회 회의에서 문답을 받고 장로가 되었다. 그는 곧 함북노회의 재정위원으로 천거되어 선교사 구례선(Robert Grierson)·박걸(A. H. Barker)·서고도(William Scott)·마구레(McGrey) 등과 그 당시 간도 교계의 지도자 박례헌·채필근·이성국 등과 함께 일했다. 때로는 함북노회가 명동에서 열리기도 하고 "김약연장로"의 기도로 회의가 시작하기도 했다. 함북노회는 규암을 명동교회의 장로 뿐만 아니라 간도 이주민 사회의 지도자로 인정하고 대우한 것 같다. 규암도 기독교가 할 수 있는 일이 이주민 사회에 어떠한 영향을 미칠 수 있다는 것을 누구보다 더 잘 알고 있었다. 이러한 관계로 함북노회와 규암은 신앙차원을 넘어서 절친한 인적 관계를 맺고 유지하고 있었다.

3·1운동 후 규암이 옥중 생활하고 있을 때 캐나다 선교사 서고도가 규암의 석방을 위하여 연길 부도윤副道尹과 교섭하러 간 일이 있었다. 교회관계는 둘째로 치더라도 백인 선교사가 규암을 감옥까지 찾아간 것은 중국 사람인 부도윤에게는 인상적인 일이 아닐 수 없었다. 서고도의 노력에도 불구하고 비록 석방에는 성공하지

못했으나, 규암에 대한 중국 당국의 대우는 달라질 수 있었다.

규암이 감금되어 있는 동안 1919년 10월에는 함북노회 특별회의가 명동교회에서 열렸고 그 교회 목사로 최선택이 임명되어 위임식이 거행되었다. 이때 규암은 옥중에 있어서 그러했는지는 몰라도 명동교회 목사 최선택과 규암의 관계는 많이 알려져 있지 않다. 1919년 11월에는 서고도가 부흥회를 열었고 다음해 1월에는 일주일 동안 훈춘현 두도구에서 채필근이 인도하는 부흥사경회를 열었는데 상당히 많은 사람들이 모여 성황을 이루었다. 이 사경회에서는 서고도, 서창희, 김관식 등이 교수했다고 한다.

3·1운동 후에는 교회가 많이 번성하였고 함북노회도 교회문제는 물론이지만 사회문제에까지 많은 영향력을 가지게 되었다. 여기에는 공교석 사이노 있지만 기독교가 다른 종교와 달리 백인 선교사들이 간도 벽촌까지 와서 충실하게 전도하며 이주민들의 교육과 보건 그리고 사회문제에까지 참여하였던 것이 중요한 요인으로 보인다. 또한 교인의 수가 많아지면 질수록 교회는 부유해졌고 교역자들을 일본이나 캐나다로 유학도 보냈다.

간민교육회와 간민회를 이끌다

간민회의 성립과 발전 그리고 종말을 이해하려면 그 당시의 간도사정도 알아야 하지만 간도를 둘러싼 중국과 일본의 자기나라

은진학교를 설립한 캐나다 선교사 박걸(A. H. Barker)목사의 용정 사택

국가이익을 위한 국제적 정치암투도 알아야 한다. 일본은 청일전쟁과 러일전쟁을 이기고 한국을 강제 병합하고 만주로 진출하려던 때이고, 중국은 청나라가 종말을 짓고 공화국으로 출발하여 일본의 북방진출과 유럽 제국주의 나라들의 착취정책에 대해 경계하고 있을 때이다. 중국은 간도에 한인 이주자들이 예상 외로 많아지고, 그들이 자기 나라를 일본에 빼앗기고 간도로 이주해 온 사람들이

므로 반일친중反日親中 사상이 농후한 것을 잘 알고 있었다. 중국정부는 일본이 용정에 통감부 간도임시파출소를 설치하자 이주민들에게 중국귀화를 요구하는 동화정책을 시작하였다. 중국은 또 일본의 만주침공 야망에 대처한다는 의미에서도 간도 한인들에게 각별한 대우를 해주었다.

통감부간도임시파출소는 1907년 8월 19일 사이또 기지로齋藤季次郎 소장, 시노다 지사꾸篠田治策 과장, 오가와 다구지小川琢治 조사과장과 직원 스즈기 신다로鈴木新太郎와 일진회의 김해룡과 최기남, 그리고 헌병 등 총 65명의 인원으로 용정에 설치되었다.

경제적 이권과 함께 일본은 한국이 영유권을 내세우던 간도문제 처리에도 깊은 관심을 가지고 있었다. 간도가 한국 영토의 연장선에 있으므로, 초기 간도문제는 통감부가 주도해 갔다. 당초에는 1907년 4월 간도파견대를 설치할 계획이었으나, 제1차 러・일협약이 진행되는 상황에서 러시아를 자극하지 않기 위해 미루다가 제1차 협약이 맺어진 직후인 8월 19일 파견대를 파견하여 '통감부간도임시파출소'를 설치한 것이다. 통감부간도임시파출소의 설치는 곧바로 중국과의 갈등을 야기시켰다.

이 파출소는 중국과 조선간의 두만강유역의 국경문제, 한인에 대한 행정문제, 간도의 산업조사문제 등을 주요 업무로 삼고 있었다. 그리고 이를 위해 파출소의 인원이 계속 증가되었으며, 한인에 대한 재판관리권마저 행사해 나갔다. 이렇듯 일본 파출소가 중국

북간도에서 철수하는 통감부간도임시파출소원과 헌병대

땅에 들어가 간도의 한인들을 '보호'한다는 구실로 일본군을 끌어드리고, 또 행정기구로 도사장제都社長制를 설립한다고 하자, 중국에서는 간도파출소의 철수를 요구하였다. 그리고 행정기관 길림변부독변을 신설하고 2,000명의 군대를 주둔시키면서 반발하고 나섰다.

이때 일본의 대응 논리는 과거 대한제국이 취하던 입장을 그대로 반영하고 있었다. 즉 한국은 두만강을 청과의 국경으로 승인하지 않는다는 점, 또한 한국에서 간도관리사를 파견하여 한인들을 보호해 왔다는 점 등을 들며 한국의 영유권적 입장에서 반박하였다. 즉 한국의 영유권이 있는 곳이라 한인 보호를 위해 파출소를 설치했다는 논리였다.

그러나 중국이 워낙 완강하게 나오고, 또 그 일로 청을 자극시키는 것이 이권 획득에 불리하다고 판단한 일본은 1908년 4월 간도문제 방침을 전환하였다. 일본은 한인의 보호를 담보로 청국과 교섭하는 한편, 부득이할 경우 도문강을 국경으로 인정한다는 것이었다. 일본에게 간도영유권은 2차적인 것이었으며, 그것을 빌미로 이권을 쟁취하는 방향으로 선회한 것이다.

일본은 1909년 2월 간도영유권을 청에 넘겨주는 댓가로 '법고문철도, 대석교영구철도의 철거, 신봉철도의 연장, 무순 및 연대 탄광 및 안봉선, 그 외 철도연선광산' 등의 이권을 획득하자는 계산이었다. 청의 완강한 태도로 협상이 진전되지 못하다가, 일본이 간도문제는 청의 영토적 주권 확보라는 것, 일본이 파출소를 설치한 것은 한인 보호임에 있었다는 점을 강조함으로써 타협의 실마리를 찾을 수 있었다.

일본은 간도문제 처리의 가닥이 잡혀갈 무렵인 1909년 3월 30일 소위 '한국병합방침안'을 제출하고, 7월 6일 일본 각의에서는 '한국병합안'에 대한 최종결정을 내린 다음 날 일본왕의 재가를 얻어

국자가 거리

확정지었다. 간도문제 역시 동년 8월 13일 일본 각의에서 결정되었다. 간도문제는 한국병탄과 별도 안건의 성격을 갖는 것이 아니었다. 즉 한국을 병탄하는 과정에서 한국 영토의 구획을 정리할 필요가 있었고, 1907년 당시 한국 영토의 일환으로 간도를 침범했지만 이권 쟁취의 대가로 간도를 청에 넘겨주면서 한국병탄에서 해결해야 할 문제를 처리한 것이었다.

이 협정에서 일본은 중국의 간도 영토권을 인정하고 철도 안봉선安奉線의 개축권, 무순撫順·연대煙臺 등 탄광에서의 채광권과 환부문제, 또 관외철도의 연장 문제 같은 것을 논의했다. 간도협약 전체에 대해서는 여기서 자세히 논할 것까지 없으나 이 협약은 일본이 간도를 중국 영토로 인정함으로써 간도영유권문제는 중국영토로 확인되면서 일단락되었다. 결국 일본은 자기 땅도 아닌 남의 땅을 가지고 중국을 침략하려는 발판을 마련한 격이 된다. 그러나 이 협약이 간도 이주민에게 미친 영향은 간단하지만은 않았다. 간도협약 제3조에 의해 조선 사람은 두만강 북쪽에 있는 개척지의 거주권을 가질 수 있었고 중국 법에 복종해야 했다.

간도협약 이후 간도임시파출소가 폐쇄되는 대신에 1909년 11월에는 일본영사관이 개설되었다. 그러나 파출소의 폐쇄는 말뿐이고, 영사관 직원들은 대부분 과거의 파출소 직원들이 차지하였다. 한인에 대한 일본의 간섭과 통제도 더욱 심해 갔다.

그런데 간도협약이 이루어지는가 싶더니 1910년 8월에는 끝내 대한제국이 멸망하고 말았다. 대한제국의 멸망으로 간도 한인사회는 식민지가 된 조국을 떠난 망명자와 이민자들이 급증하면서 요동쳐 나갔다.

규암은 이렇듯 간도 이주민 사회가 더욱 방대해지면서 민족교육자로서 명동학교 교장일 뿐 아니라 간도 한인사회의 큰 지도자로 부각되었다. 규암은 처음 1907년에 비밀결사 교민회僑民會를 조직하였으나 이주민들은 조선 사람들의 사회자치 단체를 조직하는 것을 원했다. 규암은 명동학교의 교직원들과 구춘선, 김영학, 문치정, 강백규와 다른 유지들과 함께 간민자치회墾民自治會를 조직하고 항일운동을 계속하였다.

명동학교를 중심으로 전개하던 이들 독립운동가들이 간민자치회를 조직한 것은 북간도 한인사회를 보다 효과적으로 지도하며 자치와 경제 문제를 해결하고 이를 바탕으로 독립운동을 전개하려는 데 있었다. 간민자치회가 이처럼 한인사회에서 주요한 역할을 수행하자 일본은 중국 관헌에 항의하며 간민자치회의 해산을 종용하였다. 일본의 압력에 굴복한 중국 당국도 간민자치회 해산을 명령하였으므로, 한인 지도자들도 하는 수 없이 1909년에 간민자치회를 간민교육회로 명칭을 고치게 되었다. 그리고 주요 업무도 교육에만 치중하였다.

그리하여 간민자치회의 활동 기간은 2년여 정도로 막을 내리고 말았다. 한인들이 진정으로 원했던 것은 간민들의 자치 기관이었으나 중국 정치의 혼란과 일본 정부의 탄압으로 자치 목적을 간민들의 교육사업으로 한정시켜 발족한 것이 간민교육회였다. 간민교육회는 이동춘李同春의 발기로 1909년 9월에 길림 동남로 병비도東南路 兵備道 관찰사서觀察使署의 공식인가를 받고 발족하였다.

이동춘은 규암과 같이 함북 종성·회령 사람으로서 이주자들의 교육에 힘쓴 사람이다. 그는 또 양정학당養正學堂의 설립자이고 길동서숙吉東書塾의 숙장이기도 했다. 특히 중국말을 잘 해서 한 때는 원세개袁世凱의 통역을 맡기도 하였다. 이동춘은 이때 동북에서 힘을 쓸 수 있었던 중국인 오록정吳祿貞과 각별한 친우관계를 가지고 있었다고 한다. 이동춘은 이봉우 · 구춘선 · 박찬익 · 정재면 · 윤해 등과 함께 간민교육회를 지도하였다. 간민교육회 창립 때에 임원은 이동춘 회장 외에 김약연 · 박정서 · 구춘선 · 정재면 · 정안립 · 계봉우 · 김립 · 윤해 · 박상환 · 장석함 · 강봉우 · 윤명희 · 김영학 · 강백규 · 문치정 · 김정규 · 김하규 · 마진 등이 참가하고 있었다.

회원은 약 300명 되었는데 각 지방에 지회를 두고 간민자치회와 마찬가지로 간민들의 교육뿐만 아니라 산업의 진흥과 농민생활의 향상을 그 목적으로 했다.

간민교육회는 그 목표를 한인들의 민족의식을 고취시키고 경제 향상을 도모하는 데 두었다. 아울러 명동학교 등의 학생들을 동원하여 도로를 닦거나 깨끗한 우물을 파 위생시설을 갖추는 한편 야학을 열어 문맹퇴치운동도 전개하였다. 더욱이 간민교육회는 농촌에 '식산회'를 조직하여, 자금을 늘려 생산조합 · 판매조합 등을 세워 농촌 경제를 활성화시키고자 하였다.

간민교육회는 북간도의 각사各社마다 권학위원을 두고 교육회비를 징수하였다. 1호당 1년에 1조문을 징수하는 것이 원칙이었으나 부자에게는 5조문 이상 수백 조문까지 재산의 형편대로 징수하였다. 이러한 재정을 바탕으로 기관지 《교육보》를 간행하였고, 나자구에는 대전학교라는 무관학교를 설립하여 독립군의 양성을 본격적으로 추진하였다. 명동학교도 마찬가지로 병식체조와 같은 기초적 군사교육을 실시하여 독립전쟁에 대비하였다.

간민교육회가 활동하는 동안 1911년 중국에서는 신해혁명의 기치가 크게 오르면서 중국임시정부는 삼민주의에 의존한 연성자치聯省自治정책을 선언하였다. 이에 간민교육회는 이동춘 · 이동휘 · 정

서일홍 총토

재면 · 박찬익 네 사람을 여원홍黎元洪 총통에 파견하여, 혁명 성사를 축하하고 간도 이주민들의 사정을 설명한 후 간민자치회를 재건, 재조직하여 한중韓中 우호를 도모할 것을 제안했다. 여기에 대한 중국임시정부 총통의 반응은 좋았으며, 단 중국 영토내에서의 활동이니 "자치"란 말을 삼가하라고 하였다 한다. 그래서 간민교육회는 간민회로 발족하게 되었다. 간민교육회는 1909년에 발기하여 간민회가 설립되는 1913년까지 약 4년 동안 이주민들의 교육활동을 주관하였는데 그 활동은 간도 이주민사회에 큰 영향을 미쳤다.

여기서 주목할 것은 간민교육회의 교육활동이다. 1912년 교과서

《최신동국역사》를 집필한 계봉우

편찬위원회를 만들고 광성학교의 계봉우, 명동학교의 정재면, 그리고 창동학교의 남공선 등을 임명하여 초등학교와 중학교 교과서 편집에 노력하였다. 교과서 문제에 있어서 그 당시 계봉우가 집필한 《최신동국사最新東國史》는 일본에 대한 역사기록이 불순하다고 하여 일본당국과 논쟁이 있었는데, 이것을 간민교육회는 간도에 있는 모든 학교의 역사교과서로 채용하였다. 간민교육회의 태도는 동국역사를 가르치는 목적은 역사적 사실을 밝히는 데 있는 것 뿐만 아니라 간민들의 애국정신을 함양시키고자 함에 있다고 하였다.

그런 점에서 간민교육회의 역사교육은 "역사지식의 교육이 아닌 역사의식의 교육"이었다. 즉 간민교육회의 역사교육은 학문적으로 역사를 가르치지만 한걸음 더 나가서 항일사상으로 무장한 새 세대의 젊은이를 배출하는 데 있었다는 말이다. 또한 간민교육회는 교육연구회를 설치하고 이봉우를 회장으로 임명하고 중국 지방정부의 간민들에 대한 교육정책을 자문하고 간민 모범학당을 설립하였다. 간민교육회는 야학교를 열고 근대적 교육과 반일 민족교육을 실시하였다. 간민교육회는 교육에만 집중한 것이 아니고 모범농촌활동을 장려하여 농민의 생활수준을 향상시키고 축산회, 생산조합, 판매조합과 소비조합 등을 조직하여 농민들의 발전을 격려하였다.

이러한 발전에서 볼 수 있듯이 이주민들이 원했던 것은 간민들의 교육뿐만 아니라 이주민사회 전체의 자치기구였다. 규암은 이러한 요구에 착안하여 1913년 1월에 자기 동지 이동춘·김립·도성·장기영·백옥보 등 25명의 발기인들과 의론하여 이주민 150명이 집회한 가운데 간민교육회를 간민회로 개조하기로 결정하였다. 간민교육도 중요하지만 이때 간민들이 원했던 것은 간민자치회였다.

중국의 정치 상황이 이주민들에게 유리하게 되자 규암은 1913년 2월에 간민회 건설에 대한 청원서와 간민회 초장草章을 길림 동남로 관찰사 도빈陶彬에 제출하였다. 규암은 청원서에서 간민회의 목적은 두만강 북쪽에 이주하여 사는 우리 민족으로 하여금 복리 증진을 도모하고, 중화민국정부의 일부기관으로서 우리 형제들에게 생명과 재산보호의 청구권을 주려는 것이라고 밝혔다. 규암은 도빈의 승인을 얻어 1913년 4월 26일에 이동춘, 김립 등과 함께 연길 국자가에 모여 창립대회를 개최하고 간도지역 최초의 이주민의 자치기구인 간민회를 수립하였다.

간민회의 주요 목적은 이주민들의 자치권을 얻어내는 데 있었지

이주 한인에게 우호적이었던 도빈

만, 이 외에도 중국 지방관청과 협력해서 간민들과 관청 사이의 교섭을 중재해주고 간민들의 문제를 처리해주면서 중화민국 정부의 협력을 얻어 항일운동을 효과적으로 전개하자는 데 있었다.

간민회는 그해 5월 1일에는 임원을 선출했는데 회장에 규암이 선출되었다. 명동과 간도에 자주 드나들던 규암의 동료 이동휘도 회장으로 거론되었으나 이동휘는 이때 벌써 연해주로 가고 없을 때였다. 간도의 간민회는 간도에 거주하는 사람이라야 적합하였던 것이고, 특히 규암은 당시 관찰사로 있던 도윤 도빈과 각별히 가까운 관계를 맺고 있었다.

부회장에는 백옥보白玉甫가 선출되었고 그 아래 총무는 도성都成이 서기에는 박창익朴昌翼 등이 맡았다. 간민회의 업무는 각과에서 처리했는데 민적조사과 · 교육과 · 법률연구과 · 재정과 · 식산흥업과 · 의사과 등이 업무를 분장하였다. 당시 간민사회의 교육, 산업, 금융계의 지도자들이 각 과의 과장직을 맡았다. 조직적으로는 간민회 본부를 국자가에 두고 연길현 · 화룡현 · 왕청현에 분회를

간민회 본부가 설치되었던 연길도윤공서

세우고 30개에 가까운 지회를 설립하였다. 이러한 구조로 간민회는 간도의 조선자치회로 발족한 것이었다.

  규암은 이 간민회의 산파역을 했을 뿐 아니라 간도 이주민들의 지도자로 인정받았다. 중국의 관헌도 규암이 지도자임을 인정하고 이주민들과의 문제는 먼저 규암과 의론했다고 한다. 때문에 중국인들과 지방관청 관리들은 그를 일컬어 간도의 '한인 대통령'이라

부르기도 하였고, 일본영사관에서는 규암을 소위 '불령선인不逞鮮人의 두목'이라고 지목하였다.

간민회의 재정은 이주민을 대상으로 매년 30전을 징수하였고 이것을 간민회의 비용에 충당하였다. 그러나 간민회는 그 활동 영역이 점점 커지고 담당한 문제도 많아지고 비용도 많이 들었다. 간민회가 시작한 사업으로는 이주민들의 대한 호구조사였다. 이것은 중국 행정당국도 필요로 하는 것이었는데, 중국관헌들이 한국말을 하지 못해 호구조사를 하러 나갈 때에는 한국말 통역을 필요로 하였다. 이주민 인구를 정확하게 파악하는 것은 간민회에도 필요한 것이어서 간민회가 중국관헌을 도와 호구조사를 함께 하였다. 간민회는 이주민들의 간도에서의 토지매매 문제를 해결하려 했으나 규암의 토지매매가의 10분의 1을 교육비로 저축하자는 학전學田에 해당하는 제안은 중국 측에서 받아들이지 않았다.

간민회 사업에 제일 문제가 된 것은 이주민들의 중국입적 문제였다. 일본이 간도 각지에 총영사관과 분관들을 설치하고 이주민들을 괴롭히는 것을 피하기 위해 간민회는 지방농민들을 중국으로 귀화 입적하기를 권유했던 것이다. 간도에 사는 이주민들이 중국 국적을 가진다는 것은 중국에도 유리한 일이어서 중국 지방당국은 간민회를 격려하여 입적활동을 활발하게 하였다. 그런데 여기서 문제가 된 것은 과대한 입적비와 비용을 받는 것을 농무계農務契에서 반대하고 간민회를 규탄한 것이다. 농무계는 유생들의 조직으

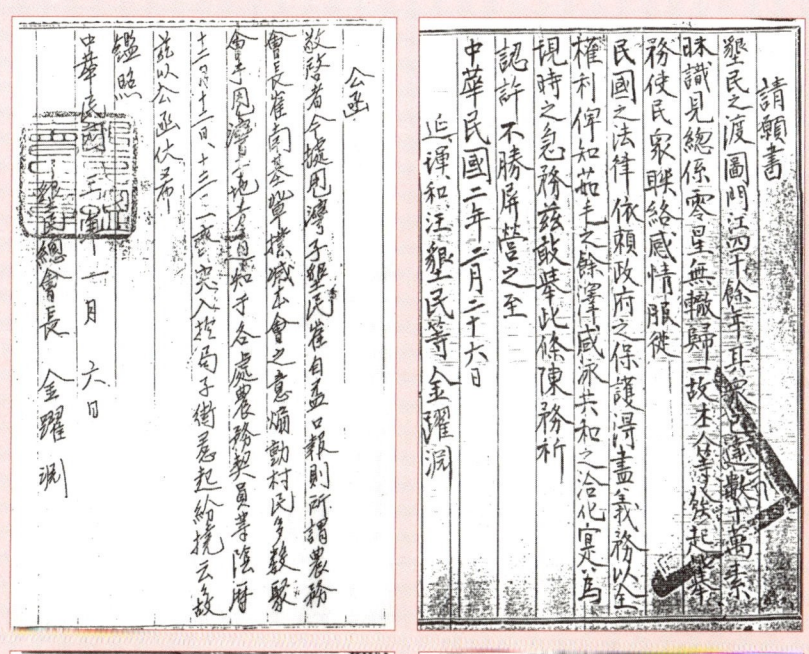
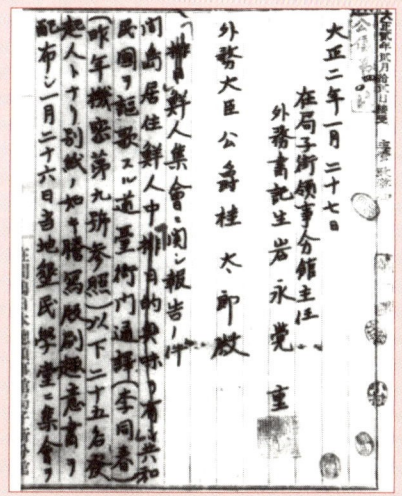
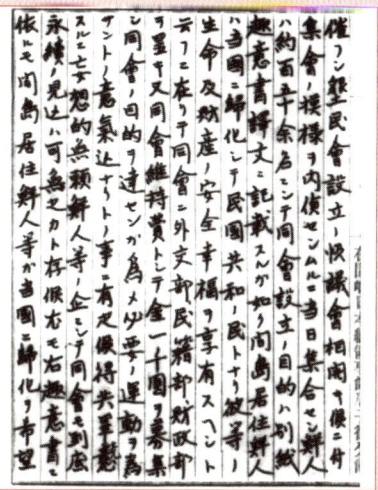

간민회 총회장 김약연이 연길현 지사에게 보낸 공함, 청원서(위), 간민회 조직을 보고한 일제의 정보문서(아래)

1913년 중화민국 대총통에 취임한 원세개

로서 공교회孔敎會 유림파儒林派의 정안립鄭安立을 지도자로 하고 아직 입적하지 않은 농민들을 모아 간민회의 입적비 수금에 많은 부적절한 세금징수가 있다는 것을 중국관헌당국에 보고하고 단속을 요청했다.

농무계에서 간민회를 고발하는 청원서를 관찰사에 제출하고 해산을 요구하자 규암은 1913년 12월에 중국관찰사에게 공교회의 부당성을 지적하고 중국당국이 농무계를 엄격히 다스려 달라는 보고를 올렸다. 당시 관찰 사서는 간도 한인사회의 분란에 대해 화해를 요구했으나 양조직 간에 치열한 대립은 계속되었다.

농무계에서는 1914년 1월에 600명에 가까운 대중을 모아 연길에서 대대적인 시위를 벌였다. 농무계와 간민회의 대립 갈등이 농후히 들어났을 때 중국의 정권을 장악한 원세개袁世凱는 중앙정부의 통치권을 강화하기 위해 지방의 자치기관을 폐지하라는 지시를 하달하였다.

이러한 상황에서 연길현 동남로 관찰사서는 1914년 3월 14일 농무계와 간민회의 해산을 명령하였다. 이로써 간민회는 그 약관 2조에서 제정한 2년의 기한을 채우지 못하고 창립한 지 1년 2개월 만에 해산하였다. 그동안 간민회는 이주민들의 입적과 토지소유권을 얻는데 적극적으로 도와주었다. 또한 간민회는 간민교육회의 일을 계속하여 항일문화 계몽교육을 철저히 실시하면서 일본의 영사재판권과 모든 사회 간섭에 반대하였다.

간민회와 농무계의 갈등은 지역감정보다 더 심한 종교적 대립이고 여기에는 기독교와 공교회孔敎會 그리고 일본 앞잡이 역할을 하던 청림교靑林敎, 먼저 이주 정착한 자산계급과 새로 이주해온 무산계급 등 간도 이주민사회의 지도권 쟁탈과 같은 사회적으로 깊은 갈등이 내재하고 있었다. 그럼에도 불구하고 규암은 탁월한 지도력과 확고한 민족정신으로 아직도 성숙하지 못한 간도의 이주민사회를 발전시키는 데 온힘을 기울여 나갔다.

규암의 독립운동 노선

무장투쟁과 통합을 추구한 규암의 독립운동 노선

간민회가 해체된 1914년은 제1차 세계대전이 시작된 해이기도 하다. 간도에 한인자치주를 세우려는 이주민들의 희망은 제2차 세계대전이 끝나고 중국공산당이 공산혁명에 성공한 후 간도 지금의 길림성吉林省 연변延邊일대에 조선족자치주를 설립할 때까지 이루어지지 않았다. 규암은 비록 농무계와 공교회, 청림교와 충돌이 있었으나 간민회를 지도하면서 간도 이주민사회를 이해하는 계기가 되었다.

이 시기 규암은 민족의식과 독립사상을 더욱 공고히 해 갔다. 규암의 독립사상은 세 가지로 구분하여 설명할 수 있다. 첫째로 규암은 무장독립운동을 주장한 사람이다. 이것은 그가 무관 가문출신으로 간도 이주 이전부터 가지고 있던 사상이며 평생동안 유지되었다. 규암은 대한사람의 나라를 외세가 무력으로 침범하거나 문화적으로 동화시키려는 것에 절대 반대하였다. 일본 사람들이 우

평양 숭실학교 대학부 사범과 갑반 졸업생 사진

리나라를 무력으로 침범한 것에는 무력으로 대항하고 일본의 동화정책을 뒷받침하는 동조동근同祖同根이나 일시동인一視同仁 같은 민족말살정책을 단호히 배격하였다. 중국의 간도이주민에 대한 동화 정책으로 치발호복薙髮胡服을 요구했던 것도 규암은 근본적으로 반대하였다. 그는 새로 들어오는 이주민들이 중국과 일본의 압박을 피하여 정착하려고 애쓸 때 그들을 도와주면서 중국과 일본의 동화노력에 반대하였다. 중국 땅에 들어 왔고 앞으로 간도에서 땅도 사고 농사도 짓고 살게 될 것이니 중국 관헌들이 요구하는 대로 입적하라고 이주민을 권고한 일은 있으나, 규암 자신은 밭에서 일할 때를 제외하고는 늘 하얀 한복을 입고 있었다.

둘째로 규암은 누구보다도 이주민사회의 경제를 잘 이해했다. 규암은 이주민사회가 커지고 경제적으로 윤택해져서 우리들의 항일무장활동을 지지할 수 있는 경제발전을 중요하게 생각했다. 규암은 이주민의 경제가 자기의 무장투쟁을 얼마나 뒷받침할 수 있는 지를 잘 파악하고 있었다. 그는 속수공권으로 무장투쟁만 주장한 것이 아니고 많은 항일무장투쟁 계획들을 실천에 옮기려고 솔선수범 군자금 모금운동을 하였다. 그리고 모금된 자금으로 무기를 사들이고 그것을 일선에서 싸우는 독립군 단체에 나누어 주었다. 뿐만 아니라 규암은 명동학교 출신들을 동원하여 굳건하고 신속한 연락망을 만들었고, 이러한 조직을 이용하여 돈을 주고 무기를 사들였다. 규암이 만들어 낸 반일 투쟁단체는 많이 있다. 항일무장활동에서 알려진 독립군단도 많이 있지만 명동학교를 중심으로 조직된 충열대·맹호단·단지동맹·광복단 등 결사동맹들이 있으며, 여기에 참가한 청년들은 무장독립운동단체의 중진역할을 하였다. 규암은 명동학교를 설립한 목적을 잃지 않고 초지일관 학생들에게 지식을 전파하고 민족의식을 일깨웠을 뿐 아니라 그들이 독립운동의 건실한 병사가 되도록 교육시켰던 것이다.

셋째로 규암은 항일단체의 통합을 위해 노력하였다. 그는 "민족독립"이라는 이념을 최상의 목표로 삼고 이를 실현하는 방법으로 이념과 조직체 또는 종교의 차를 초월하여 연합하고 힘을 모으자고 제안하였다. 자기 동료들이 공산주의를 신봉하고 세계의 무산자 혁명을 주장하고 있어도 조국이 독립을 이룩할 수 있다면 함께 일하겠다고 하였다.

그는 자기와 함께 일하다가 공산주의를 신봉하고 공산주의자가 된 이동휘나 구춘선·김립·홍범도 등과도 같은 민족으로 서로 협조하였다. 이동휘의 사상적 변천을 지켜보면서도 그가 우리나라 독립을 위해 노력하는 한 그의 추종자들, 즉 도성, 박찬익과도 함께 일했다. 규암은 특히 1919년 11월에 국민회 회장이 된 구춘선이 홍범도와 연합을 실현하였을 때 더 많은 단체들의 통합을 추진하였으나 간도 반일 무장단체들의 전반적인 연합은 실현되지 못하였다.

육탄혈전을 제창한 독립선언서

규암의 독립사상은 3·1운동을 전후하여 더 명백히 나타났다. 국내외 각처에서 전민족적으로 일어난 3·1운동 당시에는 여러 가지의 독립선언서가 발표되었다. 그 가운데 대표적인 것은, 서울에서 1919년 3월 1일에 발표한 육당 최남선이 쓴 종교인 33인의 독립선언서, 일본유학생 11명이 구상하고 춘원 이광수가 쓴 2·8 독립선언서(1919), 연해주에 있던 전러한족회全露韓族會 중앙총회 (후에 국민의회)에서 러시아로 귀화한 사람들과 귀화하지 않은 사람들이 모여 공동으로 만들어낸(1919. 3. 17) 것과 조소앙이 썼다고 하는 일명 독립운동가 39인의 무오독립선언서 등이다.

이들 독립선언서는 당시 대표적인 선언서라 할 수 있으나 근본적으로 사상적 배경과 독립 쟁취방략이 저자 내지 서명자들에 따라 적지 않은 차이를 보이고 있다. 이러한 차이는 3·1운동 후 구체적 독립운동을 전개하는 과정에서 독립운동의 각기 다른 노선으로 나타났다.

제1차세계대전의 종결과 세계의 새로운 사상조류, 즉 미국에서 나온 민족자결주의와 러시아의 공산혁명에 자극되어 동경에서 유학생 11명이 조선청년독립단의 이름으로 우리 민족의 독립을 찾으려한 것은 일본에 가 있는 유학생들로서 할 수 있는 일이지만 그들의 이념을 행동화 하기에는 실천 능력을 갖추지 못하였다. 그들이 만들어낸 유학생들의 잡지 《학지광學之光》 같은 데 나오는 글은 낭만적으로 부유한 가정에서 일본으로 유학한 대학생들의 교육과정에서 쓸 수 있는 글들이었고, 민족적 거사를 뒷받침 할 수 있는 이념에는 이르지 못하였다.

예를 들어 성명서에 나타난 러일전쟁에서 우리나라가 어떻게 일본과 동맹을 맺어 러시아를 이겨냈다는 등의 논리를 보더라도 아직 대학생의 지식 정도로 제국주의를 이해하지 못하는 수준에 머물고 있었다. 선언서에 서명

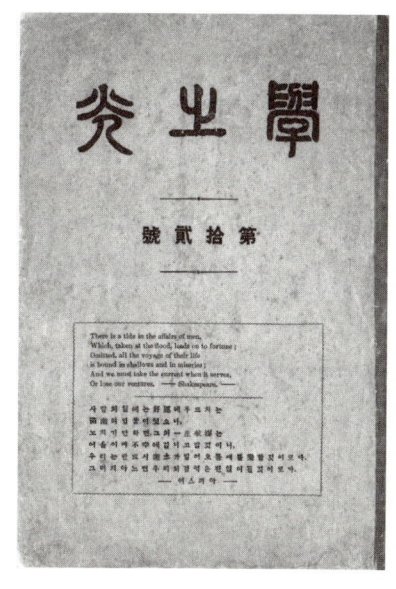

일본 한국유학생이 발간한 《학지광》

한 11명 가운데 독립투사로 항일운동에 참가하고 독립운동을 전개한 사람은 찾아보기 힘들고 선언서를 썼다고 하는 이광수는 후에 민족을 배반하고 우리 젊은이에게 일본 천황을 섬기라는 권고까지 할 정도로 변절하였다. 동경유학생들의 독립선언서의 의미는 그것이 서울에서 열린 3·1운동의 원동력으로 작용했다는 데 있는 것이지 선언서 자체로는 한계를 지니고 있었다.

동경유학생들에게서 나온 이념으로 서울 독립선언서에 반영된 것은 비폭력 무저항 방법으로 일본으로 하여금 자기의 비리를 뉘우치고 우리 민족에게 독립을 주기를 바라는 것이다. 그래서인지

처음에는 독립선언서가 아니고 일본에 독립을 청원하는 독립청원서라고 되어 있었다 한다. 이것을 만해 한용운이 우리는 독립을 청원하는 것이 아니고 독립을 선포하는 것이라고 해서 선언서로 고쳤다고 전해진다. 이것은 연해주에서나 길림에서 일본과 싸워 독립을 쟁취하려는 독립군이나 규암과 같은 간도 이주민들의 생각과는 전혀 다른 이념과 사상이다.

규암은 일단 일본제국주의의 감시와 탄압을 벗어나 간도에서 사는 이주민을 상대로 순수한 항일 독립운동을 전개할 수 있었고 이를 위해 종교나 지역적인 감정을 초월해서 무장운동을 주장할 수 있었다. 서울에서 지도자로 부각한 사람들이 종교계를 망라한 사람들이고 또한 이들이 계몽운동자들이라고 보는 견해도 있으나, 계몽주의자들도 의병과 대한광복회의 강경대응을 주장한 사람들과 온건파로 나누어 볼 수 있다. 서울의 3·1운동을 주도한 사람들은 동경유학생들의 영향을 받아 비폭력 무저항을 부르짖은 온건파 사람들이다. 때문에 이들의 항일사상과 방책이 "독립운동을 진취적으로 발전시키는 전략의 사상이 될 수는 없었다"는 견해는 그런 바탕에서 제기된 것이기도 하다.

또한 선언서를 집필한 육당 최남선도 일본 유학생을 대표했던 춘원 이광수와 같이 일본의 침략을 지지하는 변절자로 전락하였다. 이런 점들을 감안해 보면 우리의 독립선언서는 연해주와 길림에서 육탄혈전을 주장하였던 애국애족의 독립투사들의 선언서와 비폭

1917년 교토 한인유학생들(위), 2·8 독립선언의 주역인 일본유학생(아래)

력 무저항을 주장한 동경과 서울의 선언서 두 종류로 분석하는 것이 더 바람직하다고 생각한다.

규암은 연해주에서 발표한 선언서와 길림에서 만든 선언서에 간도 이주민 대표로 직접 또는 간접적으로 참여하였다. 1919년 2월 8일 규암은 간도 이주민들의 대표 자격을 띠고 니콜리스크에서 열리는 전러한족중앙총회全露韓族 中央總會에 참석하기 위해 연해주로 향하였다. 그는 연해주에서 사는 지도자, 특히 러시아로 귀화한 지도자들이 제1차세계대전 후의 국제사회와 만국평화회의와 국제정세변화에 대하여 자세히 알고 있음을 감안하여 그 총회의 지도자 문창범, 김철훈, 오창환 등에게 아래와 같은 편지를 보냈다.

전로한족중앙 총회장

귀회 여러분들의 존체 장건하심을 멀리서 바라고 기원하는 바입니다. 금년은 우리 민족의 운명을 결정하는 해이니 여러분들의 모책謀策과 수훈殊勳을 크게 기대하는 바입니다.

우리는 철선에 묶인 사람과 같이 수족을 쓸 수 없는 경우에 처해 있습니다. 근일 일본은 한국 내외에 경망을 치고 호호 촌촌에 순경과 병사를 파수하여 완전히 숨도 못 쉬는 상태인데 이 넓은 창천하에서 어찌 일언도 없이 있을 수 있겠습니까.

세계 민족은 자유를 고창할 때 우리 한국만이 무슨 이유로 악마가

전러한족회대표회의가 개최된 장소

준호하는 것을 보고만 있겠습니까. 요새 일본이 독립 연방 합방의 제목을 요약하여 돌리면서 앞잡이들을 각 방면에 보내서 면장 혹은 우민들에게 각각 밀청하여 합방난에 날인하도록 강청하고 만약 독립난에 나인하면 감옥에 가두는 것으로 합니다. 이것은 이번 강화의 큰 문제인 민족자결주의가 한국 땅에도 실시될 것을 예칙하고 이런 안을 미리 만들어 강화회장에서 세계 공목公目을 속이고 한국 사람은 일본의 합방을 원한다는 의사를 제공하려는 간책입니다.

아! 이번의 강화는 세계의 영구한 평화를 고정시키려는 데 대하여 일본은 이러한 야심을 품고 동양 한구석에 화종禍種을 심으려 하니 어찌 이것이 잠정蠶政이 아니겠습니까.

귀회는 조속히 이런 사실을 세계 신문에 널리 알리고 한국의 애매한 사정을 널리 알려서 공정한 강화회장에서 민족자결에 장애가 되지 않도록 하는 일을 삼가 바라는 바입니다.

1919년 2월 6일
명동학교 교장 김약연

이 편지는 규암이 니콜리스크에서 열리는 전러한족중앙총회로 가기 직전에 보낸 편지다. 이 내용은 주로 일본의 간계를 폭로하여 파리강화회의에서 우리가 실패하지 않도록 전러한족중앙총회에 당부하는 것이었다. 전러한족중앙총회가 대한국민의회로 재편된 후 회장 문창범은 이 편지를 받아보고 국민의회 훈춘회장인 이명순李明淳을 불러 1919년 10월에 미국에서 개최 예정인 국제연맹회의에 한국독립 문제를 제기하기 위해 한국 사람 백만 명이 나인한 신임장을 만들어 보도록 지시하였다. 그렇게 볼 때 규암의 건의는 연해주에 있는 지도자들에게 상당한 영향을 미쳤던 것으로 생각된다.

이 당시 러시아로 귀화한 한인과 비귀화인 사이의 불화로 총회는 많은 고난을 겪고 있었다. 규암은 중국에 귀화하지 않았으나 간도에 영주하는 지도자로서 러시아에 귀화한 지도자들과도 각별한 관계를 가지고 있었다. 물론 비귀화인들은 자기의 혁명동지요, 간도로 늘 드나드는 이동휘 같은 사람들이었다. 이 총회에 참석하기 위해 규암은 용정의 정재면, 이중집과 훈춘의 문병호, 윤동철 등과 와룡동 창동학교의 정기영을 대동하고 총회에 참가하였다.

국내에서는 김하석 등이 참가하여 국내와 간도 그리고 연해주 대표들이 모여 대한국민회의 의회를 이룬 것 같은 인상을 주었다. 그러나 이러한 참가자들이 3월 17일 발표한 해삼위의 독립선언서 작성이나 3월 20일 국민의회 명의로 발표된 훈춘 독립선언서에 규암이 어떠한 역할을 하였는지는 알려져 있지 않다. 규암은 1919년 2월 25일에 니콜리스크에 도착하였다가 서울에서 3·1운동이 일어났다는 소식을 듣고서는 3월 21일 연길로 돌아왔다.

이 독립선언서는 일본의 군국주의를 규탄하고 한국의 지정학적 위치와 국제사회의 협력을 호소하면서 혈전을 예고하는 내용인데 서울이나 동경의 선언서와는 완전히 다른 선언서라고 구별할 수 있다. 이 선언서의 또 한 가지 특색은 기독교와 민족교육에 대한 절대적 지지인데 선언서 본문에 기독교는 거의 국민적 종교라고 전제하고 있다.

現今 조선에서의 기독교는 거의 국민적 종교로서의 의의를 갖기에 이르렀다. 자유를 갈망하는 조선국민을 위하여서는 기독교의 가치야말로 위대하다. 왜냐하면 기독교는 서구 민주주의적 사상 자유 및 동포주의의 이상과 최량의 수입자이기 때문이다. 그리하여 이는 조선에서 기독교도가 압박을 당함에 감히 괴이怪異하게 생각할 수 없는 소이所以이다.

……

現今 조선에서 국민교육을 보아도 역시 극히 비참한 상태이다. 일본은 조선통치 10년간에 국민의 요구가 날로 점점 증대함에도 불구하고 일개의 고등학교도 설립하지 아니하였다. 심지어 초등 및 중등학교에서는 국어라 하여 일본어를 채용하고 모국의 역사 및 문학의 교수는 학과 중에서 제거하고 교육의 근저에 있어서 노골적으로 자존주의적自尊主義的 동화책을 조선인에 대하여 시행하였다.

이 선언서는 귀화한인을 대표하는 최재형·문창범·김철훈 그리고 비귀화인인 이동휘·원세훈·간도의 김약연·정재면 등의 지휘아래 만들어진 선언서이다. 누가 작성했는지는 알 수 없지만, 기독교를 이렇게 열렬히 주장하고 교육에 대하여 역설한 것으로 보아 규암과 정재면의 기독교 전도와 명동학교의 교육열이 이 선언서에 상당 부분 반영되었다고 보아도 무리가 아닐 것이다.

간도에 거주하던 규암은 연해주 귀화인과 비귀화인들 사이에서

대한국민의회에서 발표한 독립선언서

러시아 한인독립운동의 대부 최재형

빚어지고 있는 갈등을 해소하기에도 힘을 쏟았다. 연해주에 살지 않았기 때문에 중재자가 될 수 있었던 이유도 있지만, 통합과 화해를 앞세운 규암의 인품과 독립운동 노선으로 가능하지 않았을까 생각한다.

그러한 가운데 규암의 명망은 간도를 넘어서 연해주, 미주, 중국 관내 지역 등의 국외 독립운동계로 널리 퍼져 나갔다. 그래서 상해에서 대한민국임시정부가 만들어질 때 종종 규암의 임시정부 입각설이 나돌기도 했다. 규암의 동료이고 친구인 이동휘가 후에 임시정부의 국무총리가 되지만, 연해주에 모인 지도자들 중에는 입각할 수 있었던 사람이나 할 만한 지도자가 많았다.

그러나 이때 독립운동을 직접하고 있는 사람들에게는 상해에 있는 임시정부에 입각하는 것이 그리 명예로운 일이라고 생각하지 않았던 것 같다. 상해는 중국 본토의 국제도시라는 점은 있으나 그곳에는 우리 이주민들이 살고 있지 않고 간도나 연해주처럼 독립운동을 할 수 있는 곳이 아니라고 생각했다. 귀화인들의 지도자 최재형은 임시정부의 재무총장으로 입각했으나 얼마 안 되어 사퇴하였다. 그리고 귀화인들의 지도자 가운데 문창범도 교통총장으로 입각하라는 초대는 받았으나 입각하지 않았다. 아마 규암의 경우도 그러한 입각의 초대를 받았을 것으로 여겨지지만, 규암에게는 임시정부 각료보다 간도 한인사회에서 할 일이 더 중요하다고 판단했던 것이 아닌가 한다.

3·1운동이 국내외로 퍼지는 가운데 규암은 연해주 뿐 아니라, 만주 길림에서 작성된 세칭 '무오독립선언'에서도 서명자로 참여하였다. 이 선언서는 길림에서 39인이 서명하여 발표한 것으로 조소앙이 집필한 것으로 알려져 있고 김교헌이 교주로 있는 대종교大倧敎에서 주관하였다고 한다. 이 선언서는 1918년 말 여준·김좌진·황상규·박찬익·정운해·손일민·송재일·성낙신·김문삼 등이 조소앙·정원택과 길림에서 회합하여 대한독립의군부(군정서의 전신)을 설립하면서 만들어낸 것이라고 하였다.

규암이 이 선언서 작성에 직접 참여한 것은 아닐지라도, 이러한 무오독립선언의 내용은 규암의 이념과 독립운동 방략을 가장 잘 나타내주고 있다는 점에서 주목할 만하다. 이 선언서는 서울이나 동경에서 써낸 선언서와 달리 일본을 설득하거나 그들의 양해를 얻어 독립을 청원하는 것이 아니었다. 또한 연해주에서 만들어 낸 선언서와 같이 국제적 공조를 얻어 독립을 열망하는 방식도 아니었다. 한국주권은 한국 사람의 고유의 권리요 주권이라는 주장아래 한국 사람은 독립할 권리가 있고, 누구나 이를 침범하거나 해칠 때에는 독립전쟁을 해야 하고 무력으로 축출해야 한다고 주창하고 있는 것이다.

우리 대한 동족 남매와 온세계 우방 동포여!

우리 대한은 완전한 자주독립과 신성한 평등복리로 자손여민에 대대로 전하게 하기 위하여 여기 이민족 전제의 학압을 해탈하고 대한 민주의 자립을 선포하노라.

우리 대한은 무시無始 이래로 우리 대한의 한韓이요 이족異族의 한이 아니라. 반만년사의 내치외교는 한왕한제韓王韓帝의 고유권이오 백만방리의 고산려수는 한남한녀의 공유재산이요 기골문언氣骨文言이 구아歐亞에 뛰어난 우리 민족은 능히 자국을 옹호하며 만방을 화합하여 세계에 공진할 천민이라. 우리나라의 털끝만한 권리라도 이족에게 양여할 뜻이 없으며, 일척一尺의 땅이라도 이족이 점할 권한이 없으며 한 사람의 민民이라도 이족이 간섭할 조건이 없으니, 우리 한韓은 완전한 한인의 한이라. ……

기起하라 독립군아 제齊하라 독립군아… 아! 우리 마음이 같고 도덕이 같은 2천만 형제자매여! 살신성인 국민본령을 자각한 독립임을 기억할 것이며 동양평화를 보장하고 인류평등을 실시하기 위한 자립인 줄을 명심할지며 황천의 명명을 크게 받들어 일절 사망邪網에서 해탈하는 건국인 줄을 확신하야 육탄혈전肉彈血戰으로 독립을 완성할 지어라.

그 어느 선언서보다도 이 선언서는 우리나라의 기본 주체를 정대한독립선언서 (무오독립선언서)의 모습이다.

무오독립선언에 서명한 대종교 2세 교주 김교헌

해 놓고 이것을 침범하는 자는 무력으로 대하여 육탄혈전으로 독립을 수립하겠다는 극히 간단하면서도 힘있는 선언이었다. 이러한 선언은 탁상공론 형식으로 쓸 수 있는 것이 아니었다. 독립군을 일으킬 정신과 역량이 갖추어졌을 때 가능한 선언이었다. 그런 점에서 규암은 독립군을 일으킬 정신과 기반도 있었고 그것을 능해 해낼 능력도 갖추고 있었다. 간도를 무대로 강한 민족의식을 공유한 한인사회가 형성되어 있었으며, 명동학교를 기반으로 피끓는 젊은 청년들의 애국심이 뒤를 받쳐주고 있었으며, 독립군이 필요로 하는 무기를 사들일만한 재력도 갖추고 있었다.

무오독립선언서와 관련하여 지적해야 할 것은, 서명자 39인이 모여 상의하고 써낸 것이 아니라 대종교에서 주관해 쓰고 난 후 간도와 연해주의 지도자들과 미주와 중국 본토에 있는 지도자들의 이름을 그들의 동의없이 첨가하였던 점이다. 때문에 무오독립선언서는 그 내용의 문제보다는 서명자들의 사상적 단합과 그들의 동의나 허락 없이 발표하였다는 데 문제를 지니고 있다고 하겠다.

여기에서는 서명자 문제와 관련해 두가지만 짚고 넘어가기로 한다. 하나는 대종교 교주 김교헌의 문제이고 또 하나는 미주의 이승만의 문제이다. 김교헌은 1916년 대종교의 교통 나철羅喆을 계승하여 제2대 교주가 된 구한말 선비로서 그해 1916년에는 조선총독부의 촉탁으로 들어가 《조선반도사》 편찬사업에 종사한 일이 있다. 친일 행위를 범한 것이라고 하여, 특히 대종교의 지도자 중에서 강경책을 주장하던 박은식이나 신채호 등은

이승만(왼쪽)과 박용만

탐탁해 하지 않았다. 그들이 한자리에 앉아서 선언서에 서명했다고는 생각하기 힘들다. 그러나 최남선과 이광수와는 달리 김교헌은 만주에서 대종교 교도들의 항일운동을 지도했으며 1923년 사망할 때까지 일본 제국주의를 반대하여 싸웠다.

이승만의 경우는 문제가 더욱 복잡하고 중요하다. 미주대표들 중 이승만과 박용만은 서로 가까우면서도 상반되는 이념과 사상을 가

미국대통령 윌슨

지고 있었다. 이승만·박용만·정순만은 그 옛날 감옥에서 옥창을 통해 영원한 애국동지가 됨을 맹세한 3만의 결사적 동지이기도 했다. 박용만은 이 선언서에 적극 동의하고 병사를 일으켜 일본과 전쟁이라도 벌릴만한 결심이 되어 있는 사람이다.

반면 이승만은 정한경과 공모하여 미국 대통령 윌슨 Thomas Woodrow Wilson에게 우리나라를 위임통치 해달라는 서한을 올린 바 있었다. 1910년 1월에 논쟁 중 실수로 정순만의 권총이 발사되어 블라디보스톡 한인민회장 양성춘이 살해되는 일이 벌어졌다. 정순만은 법정에서 고의로 살해한 것이 아님을 인정받아 출옥했으나 양성춘의 형 양득춘과 양성춘의 부인에 의해 1911년 2월 보복살해 당했다. 3만 중에 박용만과 정순만은 무력 독립운동의 노선을 걷다가 불행히 살해되었으나 이승만은 일본에 대한 대응을 무력보다 외교정책으로 해결하기를 주장하면서 미국 대통령에 위임통치를 부탁하는 노선을 취하였다. 이것은 매국매족賣國賣族의 행위로 간주되어 만주나 중국에 있던 독립운동가들이 반대한 것은 물론 이승만과 함께 무오독립선언서의 서명한 대표들 54명 중 일부는 그를 규탄하는 성토문을 발표하였다. 이러한 사실로 보아 무오독립선언서에 서명한 사람들 39인은 그들의 허락없이 선언서에 이름을 첨가하였다는 것을 알 수 있다.

우리나라 독립운동의 이러한 측면을 연구해 보면 독립운동에도 적지 않은 문제가 드리워져 있음을 발견하게 된다. 내로라 하는 독립운동가들은 많았지만, 정작 남을 포용하고 솔선수범 실천으로 행동하는 규암과 같은 지도자는 많지 않았다. 각처의 지도자들 역시 사분오열 갈라져 있었다. 독립운동 단체 역시 통합보다는 제각기 분산적으로 활동을 전개하는 경우가 많았다. 독립운동계에서 분열과 갈등이 늘 내포되고 있던 것에는 규암과 같이 항산에 기초한 항심이 부족했던 것이 아닌가 생각한다.

그러한 한계가 있었더라도 3·1운동은 국내외에서 거족적으로 전개되었다. 이러한 3·1운동은 세계 피압박민족해방운동에 커다란 획을 긋는 기념비적 대운동이었다. 규암이 살던 간도에서는 3·13반일시위가 대규모로 일어난 데 이어 곳곳에서 독립전쟁에 의한 독립 달성을 목표로 독립군 단체가 결성되었다.

북경대학 5·4운동 시위자들

일본제국주의자들은 이러한 3·1운동을 회유·무마하기 위한 방책으로 소위 문화정치를 실시하였다. 그들의 말에 의하면 헌병 경찰제를 폐지, 일반 경찰제를 실시하고, 언론·집회의 자유도 허용한다는 것이었다. 물론 이를 통해 일반 경찰제가 시행되고, 국내에서 동아일보와 조선일보 같은 신문사들이 생겨날 수 있었지만, 그렇다고 일제 식민지통치의 본질이 변한 것은 아니었다. 오히려 식민통치는 더욱 교활해지고 폭력적으로 변화되어 갔다. 그러한 사실은 1920년 일본군이 두만강과 압록강의 국경을 넘어 간도 한인 사회를 무참하게 짓밟은 간도대참변을 통해서도 여실하게 증명되는 것이다.

3·1운동이 간도에서도 크게 번져갈 때, 국자가 중국 감옥에 억류된 일본 총영사관에 불려가게 되었다. 이때 규암은 조선 사람들이 왜 독립운동을 하는 것인가를 분명하게 밝힌 일이 있었다. 일본 영사관 보고에 따르면, 규암의 주장은 다음과 같다.

규암은 조선 사람들이 독립운동을 하는 이유로서, 첫째로 일본이 청일전쟁에 승리하고 시모노세키조약下關條約에서 조선의 독립을 성명하고, 러일전쟁에서도 승리하여 포츠머드 조약Portsmouth Treaty에서는 세계에 대하여 조선이 독립국임을 성명하였는데, 일본은 이러한 국제적 조약을 배신하고 대한제국을 강제 병탄하였으며, 이러한 일본의 배신이 조선 사람으로 하여금 독립운동을 하게 만들었다는 것이었다.

포츠머드조약 회의 광경

　둘째로는 일본은 조선 사람을 정치무대에서 배제한 채 조선 청년의 교육을 통제하고 있으며, 또한 일본은 조선 사람에게 일본말을 사용할 것을 강요하고 조선 역사를 가르치지 않고 있으며 일시동인의 동화정책을 부르짖으면서도 조선 사람을 학대하고 일본 국민과 동등한 대우를 하지 않으니 우리가 독립운동을 하는 이유라는 것이었다.

　셋째로는 일본이 금융기관을 조선에 설치하고 조선 사람들의 재산을 탈취하고 경제적으로 착취하여 기아에 빠뜨리니, 이것이 또한 조선 사람으로 하여금 독립운동을 하게 만들었다는 것이다. 간단하지만 제국주의 침략의 본질을 정확하게 꿰뚫고 있는 가운데 독립운동 발발의 논리를 정연하게 내세우고 있음을 알 수 있다. 또한 청년 교육의 중요성을 인식한 민족교육자의 면모도 찾아 볼 수 있다. 그리고 규암은 어떠한 일이 있어도 민족동화를 반대했다. 그것은 중국에서 살면서도 조선의 정신을 잃지 않았던 그의 자취를 통해서도 여실하게 나타나고 있었다.

규암은 1922년 중국 감옥에서 나온 후 간도주재 일본 총영사와 그 당시 용정에 주재하고 있던 일본 토벌군 총사령관으로부터 심문을 당했다고 하는데 이와 비슷한 말을 했다고 한다.

규암은 조선의 독립을 역설하면서 조선의 독립 없이는 동양의 평화가 없고 동양의 평화 없이는 세계평화가 없다고 단언하였다. 그는 또한 맹자의 정치철학을 인용하여 설명하면서 "솟釜"도 세 발이 있어야 완전한 "솟"으로 설수가 있는 것과 같이 조선과 중국 그리고 일본 세 나라가 완전히 독립된 국가로 자리 잡고 있어야 비로소 동양의 평화가 유지될 수 있고 공존공영 할 수 있다고 설명하였다.

그런데 여기서 한 가지 주목하여야 할 것은 규암은 어디까지나 일본사람들의 한국에 대한 침략이나 비리에 반론하면서도 중국과 일본 그리고 한국의 공존공영과 평화를 위하여 일본이 협력할 것을 주장했다. 이러한 면으로 보아 규암은 일본이 조선을 침략할 때는 육탄혈전으로 싸워야 하지만 장래 극동 평화를 위해 일본도 독

1922년 11월 화재로 소실되기 전 간도 일본총영사관(위), 재건된 간도 일본총영사관(아래). 현재 용정시 인민정부청사로 사용되고 있다.

립하고 조선도 독립하여 중국과 협조해야 한다는 사상을 지니고 있었음을 보여주고 있다.

3 · 13 반일시위와 명동학교

규암은 1919년 2월에 러시아 연해주에 갔다가 3월 21일에 연길로 돌아왔기 때문에 용정에서 일어난 3 · 13반일시위에는 직접 참가하지 못했다. 용정의 3 · 13반일시위는 서울에서 일어난 3 · 1운동시위를 축하하는 모임으로 준비했던 것이고 3 · 13 독립선언서도 이것이 독립선언 포고문이지 새로 쓴 독립선언서는 아니었다.

여기에 간도거류 조선민족 일동을 대표하여 17명의 지도자들 이름을 적어 넣었는데, 규암의 이름이 제일 먼저 적혀 있지만 규암의 의지에 의해 들어간 것이라 할 수 없다. 또한 간도 3 · 13포고문은 서울에서 나온 독립선언서와 그 내용이 비슷하고 서울의 것 보다 좀 간략할 뿐 공약삼장이 동일하다. 그 내용 또한 무저항 비폭력 외교를 주장하고 있다.

사실 3 · 13포고문은 독립운동 노선상으로 볼 때 규암의 독립사상과는 거리가 있는 것이었다. 그리고 특히 간도지역은 3 · 13운동을 계기로 독립군 단체가 만들어지고 그에 의한 독립전쟁을 벌여 나간 주무대였던 점을 보더라도, 이것은 적절한 독립선언서가 아

정의·인도, 대한독립이라 쓴 오장기를 앞세운 간도 3·13항쟁 광경

니다.

간도의 3·13 반일시위는 규암이 러시아로 떠난 후 2월 18일 간도의 유지들 33인이 그 당시 연길도윤공서 외교과에서 일하던 박동원朴東轅의 집에서 첫 모임을 가졌고, 이틀 후 20일에는 이동식李東植의 집에서 두 번이나 회의를 하고 간도조선독립운동 의사부議事部를 조직하였다.

이 의사부에서 3·13시위를 지도하였는데 독립축하식 형식으로 기독교 목사 배형식의 사회로 김영학金永學이 독립선언서 포고문을 읽었다. 곧 이어 유예균, 배형식, 황지영 등이 연설을 하였다. 이때 간도 근교에서 축하회를 위해 용정으로 모여든 군중은 약 3만명에 이르렀다. 이 축하회는 사전에 연길도윤 도빈의 허락을 받았고 도윤은 그곳 중국군의 맹부덕孟富德으로 하여금 시위를 통솔하도록 하였다. 뒤늦게 시위에 대한 정보를 받은 일본관헌들은 시위를 방지할 권한을 도윤에게 요구했다가 거절당하자 직접 무장경관들을 도입하여 행진을 막으려 하였다. 여기에서 뜻하지 않았던 시위자들과 중국 및 일본관헌들의 충돌로 17명의 사망자가 나왔고 30여 명의 중경상자가 발생하였다. 이때 사망자를 처리하고 부상당한 자를 돌봐준 사람은 역시 기독교의 캐나다 선교사였다고 한다. 용정에 있는 제창병원 원장 민산해閔山海(Stanley Martin)는 사망한 사람의 유해를 제창병원으로 옮기고, 부상당한 사람들을 데리고 가 치료해 주었다.

　한국 독립운동사에서 간도의 3·13운동이 갖는 의미는 무엇보다 독립군 무장단체들의 결성에 기폭제가 되었다는 점에서 찾을 수 있을 것이다. 이제껏 일본 군경과 본격적으로 총격전을 전개한 일이 없었지만, 이를 계기로 독립군이 조직화, 무장화되면서 일본 군경과 정면으로 맞서며 무력 대응에 나서기에 이르렀던 것이다.

　국내의 3·1운동이나 용정의 3·13시위에 많은 사람들이 희생당하는 것을 보고 무력 강경파와 급진파들의 첫 대응은 무기를 가지

3·13 독립선언식장에서 사회를 본 배형식 목사, 독립선언포고문을 낭독한 김영학

고 국경을 넘어 진격해 들어가자는 것이었다. 급진파의 논리는 조선 독립을 위해 세계여론을 야기시키려면 만세만 부르지 말고 군대를 일으켜 무기를 가지고 국내로 진격하여 일부 지역을 점령하고 임시정부를 세운 후 파리에 있는 특사와 호응하여 독립을 선언하고 미국대통령 윌슨의 민족자결을 소리높여 외치게 된다면 세계여론을 등에 업을 수 있다는 것이었다. 여기에 동참한 사람들은 김약연을 비롯하여 이범윤·최재형·이동휘·이동복·황병길·유잠희·김영학 등으로 이들은 훈춘의 오지 대황구와 대전자에 집합하여 계획을 세웠던 것으로 전해지고 있다. 이 계획에서 이동휘는 토문자, 훈춘 방면으로부터 공격하고 문창범은 나자구로부터, 이

3·13항쟁의 사망자 시신이 안치되었던 용정 제창병원

범윤과 홍범도는 안도현으로부터 침공하며 홍범도 예하의 2,000명의 독립군이 국내로 진출할 것을 준비하기로 했었다고 한다. 이들은 만주나 간도의 독립군기지 만으로는 세계 여론을 일으키는데 부족하므로, 국내에 들어가 일본 점령군을 물리치고 임시라도 정부를 수립하는 것이 더 급한 목적이라고 생각하였다. 그러나 이것은 실천 가능성이 희박한 계획이라 상해의 임시정부에서도 찬성하지 않았다고 한다. 그러나 이러한 독립투사들의 계획은 무장 항쟁의 서막을 알리는 중대한 의미를 지니는 것이었다.

그같은 상황에서 규암은 유동렬, 조성환 등과 만나 독립전쟁을 위한 군자금 모집을 구체적으로 계획, 추진해 나갔다. 사실 무력항

최기남이 광무황제의 어명을 받아 건립한 용정시내 5층대 건물. 이 건물은 교민회관으로 사용되었으며 3·13의거 때 건물 앞에서 중국군의 발포로 희생자가 속출하였다.

쟁을 위해서는 무엇보다 군자금을 조달하는 것이 급선무였다. 그러나 자금을 조달하는 것이 쉬운 일이 아니었다. 국내와 달리 외지에 살던 한인들의 경제 형편이 좋지 않았으므로, 재력가의 군자금 조달이 기본적으로 불가능한 가운데 주로 일반 한인들을 대상으로 군자금을 수합하였다. 군자금 조달의 방법도 각기 다양하여, 집을 가지고 사는 지주에게는 한 세대에 20원을 수령하거나, 이동휘처럼 밀산에 한국 무관학교를 세운다면서 귀화하지 않은 사람들로부터 모금하는 경우도 있었고, 파리에 대표를 파견할 때는 한집에 40루블, 한 사람당 7 루블씩을 걷기도 했다. 명동학교에서도 군자금 모금운동이 활발하게 전개되었다. 이러한 소식이 중국 관내의 상해 임시정부에도 들어가, 명동학교 교사와 학생들에게 2만 루블의 군자금 수합을 제의하기까지 하였다.

이범윤은 결사대를 조직하고 황색군복을 입혀 무기를 가지고 모금운동을 했다고 하며, 토문자에 사는 남진오라는 사람은 2,000원이나 기부금을 모아 납부하기도 했다. 화룡현에서도 군복을 입은 한인 7명이 들어와 가택수사를 한 후 150원을 가져갔는데, 그들은 "민국 원년民國 元年"이라고 쓰여 있는 모자를 쓰고 있었다고 한다. 이렇게 모금한 돈은 무기 구입을 위해 쓰여졌고, 명동학교는 연해주와 간도를 연결하는 거점으로 활용되었다.

이렇게 무기가 연해주로부터 조달되자 중국 관헌도 긴장하였다. 또한 중국 당국은 연해주로부터 무장부대가 만주로 들어오는 것을 막기 위해 일본 군경과 대책을 세우기도 했다. 그럼에도 군자금 모집운동이 활발해지면서 연해주와 간도로 이어지는 독립군의 무기 수송은 더욱 활기차게 이뤄졌다.

군자금 모집도 개인의 집이나 땅 소유자로부터 점차 상업하는 회사로까지 확산되어 갔다. 장봉한張鳳翰 같은 이는 자기 회사에서 1,800원, 공교회당 교사인 정언묵은 명동학교 김창현과 기독교인 김용수 등과 함께 2,360원을 모금하는 등 모금운동은 한인사회 전반으로 확산되어 갔다.

그러나 한편으로 독립운동 군자금 모집은 한인사회에 적지 않은 부담으로 작용하기도 했다. 때로는 강제적 방법까지 동원되는 불미한 일도 일어났다.

김약연과 함께 무장독립군을 후원할 군자금을 모금한 황병길(왼쪽)과 이동휘

독립군의 활동을 적극 지원하던 규암 역시 독립운동 자금을 지원하는 데 힘을 아끼지 않았다. 기록에 의하면, 그는 직접 돈을 모아 홍범도의 대한독립군, 안무의 국민회군 등에 전달했다고 한다. 이들 홍범도와 안무의 독립군은 북간도 대한국민회 소속의 독립군 조직이었다.

북간도 대한국민회는 3·13시위를 이끌던 간도조선독립운동 의

사부가 간도독립운동기성총회로 개편되었다가 다시 확대 발전한 단체로서 북간도 독립운동의 최고 통수부 역할을 수행하였다. 이러한 북간도의 대한국민회는 규암이 조직하였던 간민회를 계승한 것으로 상해의 임시정부를 지지하였다.

국민회는 처음에 행정권만을 행사했으나 1919년 말 독립군부대를 직할로 두었는데, 국민회군이 그것이었다. 안무가 사령관을 맡았던 국민회군은 국민회의 전폭적 지원을 받으며 정예군으로 조직되었다. 국민회군은 홍범도의 대한독립군이나 최진동의 대한군무도독부군 등과 제휴하면서 대일전쟁을 전개해 갔다.

또한 홍범도가 이끌던 대한독립군은 1919년 5월경 조직되었다가 동년 겨울 대한국민회의 재정 지원을 받으면서 그 산하의 독립군단체로 활약하였다. 이들 독립군단체는 1920년 5월 대한국민회의 요청에 의해 대한북로독군부로 연합 개편하였다. 그리고 이들은 1920년 6월 봉오동전투의 승전보를 올리는 등 혁혁한 전과를 쌓아 나갔다.

그러나 규암의 모금운동은 오래가지 못했다. 그는 1920년 2월 마록구馬鹿溝에서 연길도윤 도빈에게 체포되어 감옥에서 2년 동안 보호인保護囚으로 감금되어야 했다. 규암이 간민회 회장을 지낼 때 친하게 지내던 도빈은 명동학교에서 일어나는 일들을 보면서 일본 경찰로부터 규암을 보호한다는 취지에서 그를 체포하였다고 한다.

규암이 없는 명동학교는 애국 애족의 배움터라기보다는 완력이

난무하는 아수라장으로 변모되어 갔다. 심지어 이들 학생 가운데는 명동촌을 지나는 사람들조차 심문하는 무례를 저질렀고, 그에 저항하면 감금까지도 불사하는 등 폭력을 행사했다. 이는 규암 같은 지도자와 김교영 교사처럼 학생들을 일선에서 지도하던 선생들이 투옥되면서 나타난 현상이었다.

대한독립군을 이끈 홍범도

명동학교는 결사대決死隊의 본부였고 무기도 학교 안에 은닉하고 있었으며, 정위단, 대동단 등과 같은 단체들이 조국독립과 항일전선을 제창하면서 명동학교로 모여들었다. 간도의 한인들은 명동학교 창립 초기에 김홍일 같은 장군을 체조 교사로 모실 때 명동학교를 독립군 양성소 같다고 여겼으나, 규암이 감옥에 있는 동안 명동학교는 지도자 없는 병영兵營으로 변해 갔다.

그런 가운데 명동학교 학생들의 애국심은 친일파를 숙청하는 수준으로 비화되어 갔다. 이들 학생은 용정에 있는 일본 영사관을 불태우는가 하면 친일 민족반역자들을 잡아들이기 시작하였다. 용정촌의 친일단체인 조선인민회 회장 이희덕을 납치하여 명동학교 근처에 감금하고 조선인민회의 해산 성명서를 강압 날인하게 하여 해산을 선포하였다. 해산 권리는 일본영사에 있는 것이라 법적으로는 영향이 없었으나 일본 앞잡이로 대로 활보하던 이희덕과 명동학교를 감시하던 친일탐정 현시달 등 친일 주구들에게 커다란 타격을 주었다.

이때 간도 일대에서 활약하던 친일 주구들 중 유명한 사람이 4명 있었다. 용정의 이희덕과 현시달, 두도구의 김명여와 국자가 영사관의 경부 이경재가 그들이었다. 이희덕의 납치사건 후 친일 주구들 가운데는 사직하는 이가 적지 않았다고 한다. 이런 일이 일어나면서, 중국 당국과 일본관헌은 합동으로 명동학교를 습격하였고, 명동학교 해산령을 내리고 학교를 봉쇄하고 말았다.

이 무렵 명동학교 학생들 가운데는 학교 교육보다도 무장독립운동에 참가하는 것이 급선무라 생각하는 이들이 적지 않았다. 그리하여 학생들과 교사들이 함께 항일투사가 된 마음으로 충렬대忠烈隊를 조직하기도 했다. 명동학교 학생 300여 명과 교사들로 시작한 이 단체는 정동학교로 퍼지게 되고 소영자에 있는 광성학교로까지 회원을 넓혀 나갔다. 이 조직을 지도한 사람은 김학수와 광성학교 교사 김성호였다. 이러한 단체는 점점 과격해지고 맹호단猛虎團으로 발전하여 친일 주구들을 감시하는 일을 맡아 했다고 한다. 명동학교와 학생들은 이렇게 변해갔고, 중국 관헌들이 명동학교에 폐교령을 내렸으나 학생들은 여전히 학교로 와 수업을 받고 항일운동을 전개해 갔다.

㊙
大正八年 朝特高警第三四一〇一號

國外情報

一、間島ニ於ケル猛虎團員ノ暴行

（十一月二十八日 間島派遣員電報）

去ル二十五日夜露領方面ヨリ來レル猛虎團員十數名ハ南陽坪（龍井村東方四里）鮮人居留民會長朴萬壽宅ヲ襲ヒタリ朴ハ辛フシテ難ヲ免カル尚團員等ハ同家ニ放火シタルモ附近人民ハ之ヲ消止タリ

附記

猛虎團ハ明東、正東兩學校生徒其ノ他私立學校生徒及露領ヨリ間島ニ來レル過激ナル青年ニヨリ組織セラレタルモノニシテ團長ハ小營子光成學校教師金尚鎬ヲ戴ケリ本年五月在龍井村帝國總領事館建物ニ放火シ且鮮人警部巡査等ニ對シ脅迫状ヲ送リ或ハ拳銃ヲ以テ威嚇セシ如キハ孰レモ本團員等ノ所爲ナリトス

二、支那官憲ノ不逞鮮人決死隊員討伐

（同上）

二十六日支那軍隊五十三名ハ延吉縣一兩溝（局子街北方約七里）附近ニ潜伏シアル露領方面ヨリ入込メル決死隊ノ討伐ニ向ヒ軍服二〇、背嚢

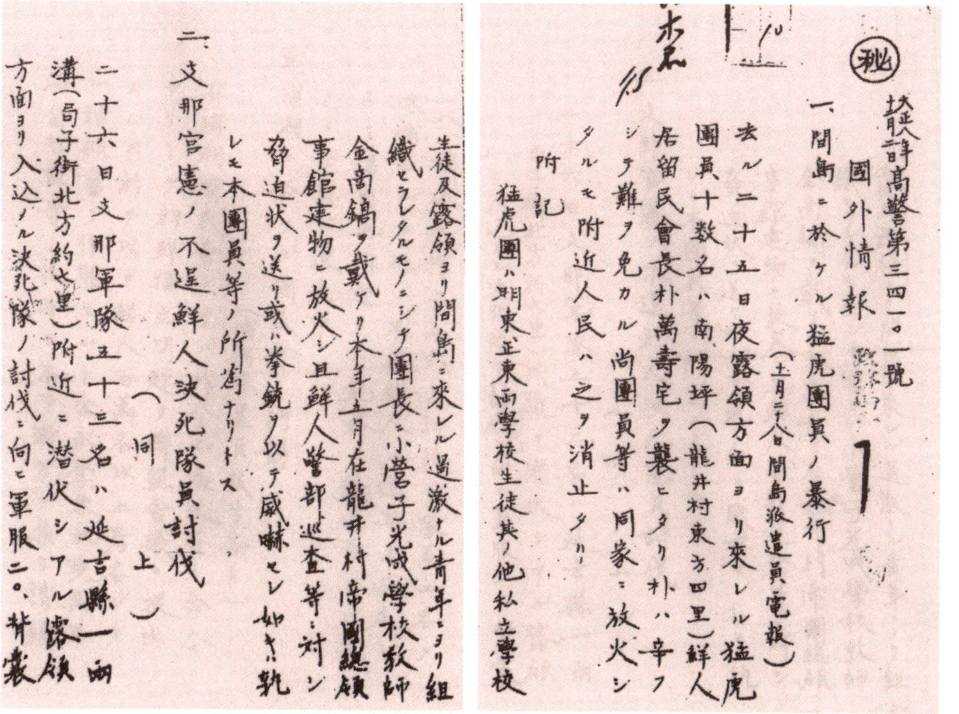

맹호단의 활약을 보고한 일본 정보 문서

세칭 '15만원탈취사건'과 명동학교의 수난

3·13의거 후 독립군의 활동이 활발해지면서 한인사회에서 군자금 모집운동은 새로운 과제로 부상하였다. 교사와 학생들이 돈을 걷고, 한인들의 개인 찬조와 지원금이 걷혔지만 그 정도로는 독립군의 무장활동에 필요한 재정적 기반을 충족시킬 수 없었다. 무엇보다 무기를 사들이기 위해서는 막대한 자금이 필요했다.

이러한 어려운 상황에서 대규모의 군자금 조달을 계획하여 전개한 것이 1920년 1월 4일의 '15만원탈취사건'이다. 이 의거에 가담한 청년들은 전부 규암의 문하생들이고 명동학교 아니면 창동학교와 관계가 있던 사람들이다. 이들은 회령에서 용정으로 15만원을 현금 수송하는 정보를 얻고 이를 탈취해 러시아 연해주로 가서 무기를 사들여 무장독립운동을 뒷받침하려고 하였다.

이 거사에 참가한 청년들은 윤준희·임국정·한상호·박웅세·최봉설 등이었다. 임국정은 친우 전홍섭이 회령 조선은행 지점에서 일하고 있는 것을 이용하여 15만원 수송정보를 알아냈다. 이들은 명동을 지나 용정으로 가는 길에서 호송대 경찰을 사살하고 15만원을 탈취하는 데 성공하였다. 박웅세는 이때 결혼식 때문에 용정으로 갔으나 나머지 임국정·윤준희·한상호·최봉설 등은 계획대로 돈을 나누어 가지고 조양천을 너머 의란구依蘭溝 뒷산 유재촌에 도착한 후 그곳에 돈을 감추어 두었는데, 돈은 5원 짜리가 10만원 10원짜리가 5만원으로 전부 15만원이었다.

이들은 돈을 탈취하는데는 성공했으나 무기를 어떻게 구입하고 어디로 어떻게 운반할 것인가에 대해서는 완벽한 계획이 서 있지 않았다. 한편 일본 경찰은 이들을 잡기 위해 현상금 5만원을 내걸면서 혈안이 되어 있었다.

임국정은 연해주에서 방기창을 만나 무기구입 사연을 설명하고 홍범도 장군이 있는 부대로 가서 그곳에서 무기를 사들일 것을 제

15만원 탈취거사에 참여한 최봉설, 임국정, 윤준희, 한상호, 박웅세, 전홍섭(윗줄 왼쪽부터)

15만원 탈취 현장인 동랑리 어구

안하였다. 그러나 방기창은 홍범도가 작년 9월 북만주로 떠난 후 연락이 없다며 연해주에서 무기 구입할 것을 권했다. 의논 끝에 방기창은 수청에 가서 사관학교를 꾸리기로 하고, 이상운과 채윤식이 무기를 받아가지고 나자구羅子溝로 가 대열 편성을 책임짓기로 의견을 모았다. 무기를 사고 운반하는 것은 김하석·최봉설·윤준희·임국정·한상호 등이 맡았다. 무기를 대량으로 구입하기 위해서는 러시아군과 만나야 하는데, 이들은 그 중개자로서 엄인섭을 만나기로 하였다. 마침 임국정은 엄인섭과 구면이어서 그를 찾아가 자신들의 계획을 상세히 설명하였다. 한때 안중근 의사와 의병을 일으켰던 엄인섭은 일찍이 일본 밀정으로 변절한 인물이었다. 그러나 그러한 사실을 모르는 채 임국정은 엄인섭의 집에서 하룻밤을 자고 동지들과 운반 준비를 의논하던 중 일본 헌병에게 체포되고 말았다. 임국정·윤준희·한상호는 그 자리에서 체포되었

15만원 탈취 지점에 설립된 '탈취 15만원 사건' 유지비

으나 최봉설은 일본헌병과 격투 끝에 도주에 성공하였다.

　체포된 세 사람은 서울로 끌려가 사형을 언도받고 1921년 순국하였다. 최봉설은 러시아로 넘어갔다가 1973년 1월 19일 심장병으로 세상을 떠났다. 이 거사를 보더라도 의지와 동기 그리고 조국을 위해 목숨을 바치겠다는 젊은 의사들의 정열은 하늘을 치솟았으나, 실천을 완수하기까지 더 많은 준비가 필요하지 않았나 하는 안타까움을 갖게 된다.

　일제는 이들을 사형하는 것만으로 부족하다는 듯이 명동학교와

그 근처의 마을들을 심층 수사하기 시작하였다. 일본관헌은 반일문서나 항일행동의 근거를 찾아내려고 명동교회와 명동학교 그리고 근방의 집들에 대한 가택수사를 이잡듯이 하였다. 그 결과 그들은 마진馬晉의 집을 찾아냈고 집 안에서 남세극과 규암의 문서를 발견하자 '불령선인의 책원지'라고 단정하고 집을 불태워 버렸다. 다행히 마진은 출타중이라 체포당하지 않았다. 중국 관헌들이 먼저 일본군의 거동을 연락해 주었다는 말도 있다.

일본군이 간도를 침공할 때 명동학교와 명동교회는 습격의 첫 대상이 되었다. 10월 22일 일본군 수비대 보병중위 소대장 우스다 겐사부로臼田 憲三郞가 부하 22명을 데리고 명동학교를 샅샅이 수사하기 시작하였고, 명동학교에 있는 책이나 지도에서 일본과 조선을 다른 색으로 구분하고 만국기를 진열해 놓은 곳에 일본의 일장기는 없다는 것을 구실로 삼아 일본군은 명동교회와 명동학교 서적실과 교실을 불태워 버리는 만행을 저질렀다.

일본관헌은 불태우기 전 명동학교 근처에 있는 프랑스 신부 및 영국인, 미국인 교사들에 대해서도 심문하는 등 명동학교의 정보를 알아내기 위해 갖은 방법을 동원하였다. 또한 일본군은 중국 관헌이 일본에 협조하여 '불령선인'과 단체들을 통제한다고 해놓고 교장인 규암만을 투옥시킨 것에 대해서도 강렬한 불만을 표시하였다. 당시 일본군과 동행한 중국순관 조경화趙景和가 입회하여 방화승인서에 날인하였는데, 그 전문은 다음과 같다.

학교내 마진의 서신이 발견된 것을 순관이 알고 학교를 좋아하지 않아 관에 뜻에 따라 소각을 승인하였다.
제일공소 순관 조경화
學校內 有馬晋之信書 巡官知 學校不好 任置官心意 承認 燒却
第一公所 巡官 趙景和 署名 捺印

규암이 감옥에 들어가자 명동학교는 김정규가 교장직을 맡았다. 김정규는 김하규 가족과 규암과 함께 오룡천에서 집단 이주해 온 선비이고 한봉암의 외손이다. 규암과 오랫동안 함께 명동학교에서 일해 왔고 주역周易을 공부했다는 한 학자였다. 때문에 신교육에는 경험이 별로 없는 사람이었다.

일본 관계 당국의 허가를 받고 비록 학교는 문을 다시 열었지만 교사와 학생들의 면학 분위기는 옛날과 많이 달라져 있었다. 학생들이 정치적으로 과격해지자 많은 교사들이 학교를 떠났다. 과목에 따라서는 강의를 계속하는 선생도 있었으나 명동학교는 독립군 양성소가 되어갔고, 선생들이 학생들을 통제할 수 없을 정도로 과격해져 갔다. 새 교장은 이러한 학생들의 태도와 사상변화를 다룰 수 없었다. 그에게 이 보다 더 중요하게 제기되었던 문제는 일본 군경이 불태워버린 학교를 재건하는 일이었다.

1973년 명동학교 옛날 교사를 철거할 때 기둥 사이에서 대들보와 〈명동학교 건축기〉 1부가 발견되었다. 명동학교 건축기록에는

명동학교 제 10회 창립기념(1918. 4. 27)

재건축사업을 1922년 3월 12일에 시작하여 벽돌강당(교실)은 6월에 마쳤고 비용은 7,700원이 들었다고 기록되어 있었다. 또한 목제강당(교실)은 다음해 1923년 3월 22일에 시작하여 6월에 마쳤는데 여기에는 3,000여 원이 들었다고 하였다.

이 건축 기록은 명동교회 장로인 유한풍(당시 62세)이 쓴 것으로, 학교 교사 재건축비용 모금을 하는데 있어서 명동교회와 밀접한 관계가 있었다고 생각된다. 명동교회 형편은 교인 호수가 87호였으며 매주일 평균 출석자는 500여 명이라고 써있고 목사와 조사, 장로

가 6명, 집사가 7명, 그리고 각 구역마다 권사와 전도사가 있었다고 기록하였다.

학교직원으로는 교장 김정규, 교감 이규항, 학감 김석관, 재무 김진규, 그리고 교원으로 위의 직원들 외에 윤영목·김정훈·기주복·오윤환·박성두, 그리고 여교사로 김신오 등을 적어 넣었다. 이들이 가르치는 학생수는 중학생이 102명 고등 겸 소학생이 160명, 여학생이 60명이 된다고 기록하였다. 유한풍은 이 건축기에 명동학교의 유래를 간략하게 적으면서 김약연이 1908년에 학교를 설립하고 10여 년 동안 교장으로 전력을 다해 일을 보았고 건축보조금으로 800여 원을 모아 1917년 100여 일 걸려 신식건물을 지었다고 했다. 1920년 9월에 독립선언 사건으로 일본군대가 불태워 버렸다. 김정규가 교장을 계속하여 1922년과 1923년 2년 동안 건축비용 1만 4,000여 원을 들여 남자 · 여자 교실 3개를 건축하였다. 이렇게 힘들게 지은 교사는 천고에 없다고 하면서 '힘을 모으면 산도 옥으로 만들 수 있고 (合力山成玉) 지성이 지극하면 흙도 금으로 변하게 할 수 있다 (至誠土變金)' 라고 기록했다. 이 짧은 기록에서도 볼 수 있는 것과 같이 명동학교를 재건하는 데는 헌신적인 노력과 희생 그리고 교회의 절대적인 도움이 필요했다.

규암이 감옥에 갇혀 있는 동안 명동학교에는 큰 변화가 일어나고 있었다. 명동학교 졸업생들 가운데는 신교육을 받고 북만주와 러시아로 가서 무장독립운동 단체에 지도자가 된 사람들이 많이 있었다. 이들 중에는 러시아에서 공산주의자가 된 졸업생들도 있었다. 이들이 학교로 돌아와 공산주의 사상을 선전하고 학생들에게 명동학교 같은 기독교나 종교계열의 사립학교의 근본교육 방침에 의문점을 야기시키는 일도 종종 일어났다.

명동학교는 간도 이주민들이 땀 흘려 만들어서 신학문을 배울 수 있는 배움의 전당으로부터 3 · 1운동과 3 · 13운동이 있은 후 무장투쟁 독립투사들의 양성소로 발전하여 갔다. 학생들도 우리나라를 찾으려고 수신하는 교육목적보다 제국주의를 타도하고 세계혁명을 일으키려는 전략가로, 나가서는 계급투쟁에 앞장선 젊은이가 되기를 원했다.

간도의 독립군이 독립전쟁에서 대승을 거두다

용정 3·13시위운동에서 사망자와 부상자를 치룬 간도의 한인들은 일본에 대해 무장으로 대응하며 육탄혈전을 전개할 것을 요구하였다. 당시 간도에 있던 지도적인 단체는 대한국민회였다. 이 국민회는 규암이 자치를 주장하고 일하던 간민회를 계승하여 조직된 대한국민회다. 회장에는 구춘선이 선출되었고 부회장에는 중부지방 제1지회의 지회장인 서상용徐相庸이 맡았고 제2지회장에는 규암과 가까이 일하던 강구우姜九禹가 맡았다.

총무에는 김규찬이 그리고 경호대 총사령에는 이준열사의 아들인 이용李鏞이 등용되었다. 국민회는 방대한 독립운동단체로 발전해 나갔고 사방에 흩어져있는 단체들을 통합하였다. 국민회는 군대를 2개의 부대로 조직하고 운영하고 있었는데, 하나는 대한독립군, 즉 홍범도부대 그리고 다른 하나는 국민회군, 즉 안무부대다. 이 두 부대는 정일제일군 사령관征日第一軍司令官이라는 이름으로 홍범도가 지휘하는 합동전을 할 수 있게 편성했다.

최진동이 지휘하는 군무도독부와 국민회의 안무부대와의 군사

간도 대한국민회 회원들(왕청현 하마탕교회)

통일을 이루어 화룡현 봉오동에 있는 군무도독부의 병영에서 군대를 무장시켜 강력한 군대를 준비하고 국내 진입을 계획했다. 대한독립군의 병력은 홍범도와 안무의 부대가 550명 최진동의 부대가 670명 합해 1,200여 명의 병정을 확보하고 있었고, 무기는 기관총(2

문), 군총(약 900정), 권총(약 200정), 수류탄(약 200개) 등으로 월경하여 일본경찰들과 교전하기에 완벽한 병력을 준비하였다.

　봉오동 전투는 일본 군경이 독립군을 따라 간도로 들어온 것을 봉오동 근교에서 전멸시킨 것이다. 봉오동전투가 갖는 의미는 그

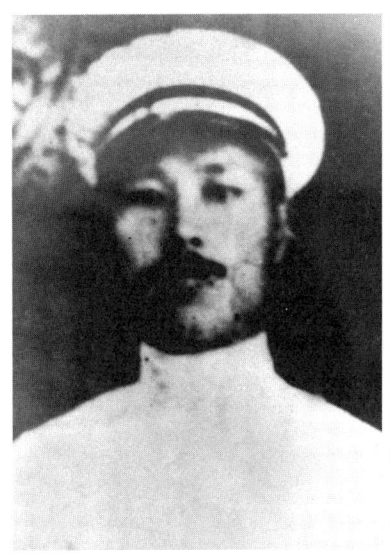 

대한국민회 경호대 총사령 이용(왼쪽)과 국민회군 지휘자 안무.

때까지 일본군경에게 구속과 억압을 받았던 우리 독립군이 일본군을 상대로 처음 싸워 승리했다는 점에서 찾을 수 있을 것이다. 이것으로 무장 항일투쟁을 주장한 보람도 있었고 독립전쟁의 개전이라는 말도 그 의미를 가지게 되었다.

봉오동 전투의 승리는 1920년 6월이며 규암이 투옥되어 있을 때였다. 그러나 홍범도부대에 일찍부터 군자금을 지원했던 그의 정성도 봉오동 승전에 기여한 것으로 보아야 할 것이다. 봉오동 전투는 우발적으로 생겨난 싸움이고 우리 독립군의 승리로 끝났지만 이 전투의 결과로 일본은 간도에 있는 독립군을 전부 토벌할 계획을 세워 나갔다.

그러나 이것은 간단한 일이 아니었다. 중국과 일본 사이에 막대한 군사행동과 정치협상이 필요했기 때문이다. 1920년대만 하더라도 간도는 아직 중국 땅이었고, 그곳에 사는 한인들은 중국정부의 보호아래 있었다. 일본은 간도 이주 한인들을 일본 국적을 가진 사람이라고 주장했지만, 중국 사람들은 만주에서의 주권침해를 꿈꾸고 있는 일본 사람들의 감언이설에 넘어가지 않았다. 일본은 중국의 주권을 인정하고 일본과 중국의 공동작전으로 간도에 있는 항일무장부대를 제거하자고 했으나 중국은 동의하지 않고 한인 무장부대들을 도와 주었다. 중국 관헌은 일본토벌 대부대가 오면 항일 독립부대에 그 정보를 전해주고 먼저 군대를 산으로 피해놓으라고 알려주기도 했다. 일본의 독립군 토벌대가 간도에 출병하려면 중국 국민군과 대결할 것을 각오해야 했다. 이런 때에 훈춘사변이 일어났다. 훈춘사변은 일본이 간도에 출병하려고 조작해 낸 사건이며 이로 인해 일본은 간도 출병을 정당화하였다.

당시 만주에는 중국군벌과 일본부대 그리고 독립군만 있었던 것이 아니다. 순전한 폭력단체로 비적 또는 마적들이 중국 치안당국의 손이 닿지 않는 마을이나 촌을 장악하고 있었다. 이러한 비적들의 병력은 심상치 않았고 때로는 중국관헌이나 일본군도 습격하고 주민들을 약탈하는 것을 일삼고 있었다. 이 중에도 큰 부대를 거느리고 있는 마적들에는 러시아에서 무기를 공급하는 러시아 사람도 있었고 일본 사람과 싸우려는 한인도 있었다.

일본은 훈춘 지역에 막대한 병력을 가지고 있는 마적단의 두목 장강호長江好를 매수하여 그의 부하 비적 만순万順과 진동鎭東으로 하여금 훈춘을 습격하도록 계획했다. 1920년 9월 30일 마적들은 400명의 부대를 이끌고 훈춘에 있는 황구주류군荒溝駐留軍을 습격했다. 10월 2일에는 훈춘현성을 습격하고 일본 총영사관을 불태워버리고 일본 사람 11명과 한인 6명을 살해하고 상점 6곳에 불을 지르고 달아났다. 이때 살해당한 일본 사람 중에는 조선총독부에서 함북으로 파견되었던 경찰 시부야澁谷와 그의 가족이 있었다. 일본군은 이를 빌미로 간도로 군사침공을 감행하였다.

만주 일본거류민회장의 출병요청과 용정의 총영사대리가 일본 육군대신에게 보낸 출병요청 서신들을 기초로 해 일본 각료회의에서는 10월 7일 출병을 결정하고 제19사단장 다가시마 高島中將를 사령관으로 삼아 37·38여단을 주력으로 하고, 시베리아에서 돌아오는 11·13·14사단과 관동군을 합쳐 막대한 병력으로 간도를 침공해 들어왔다. 이들의 토벌 중점은 훈춘·왕청·화룡·도문 연안에 있는 항일무장부대를 섬멸하는 것이었다.

그 과정에서 벌어진 것이 저 유명한 청산리대첩이다. 1920년 10월 일본군은 두만강 상류의 무산 북쪽에 있는 한인 마을인 화룡현의 삼도구, 이도구를 침공해 왔다. 이때 독립군은 침입한 일본토벌군을 상대로 청산리, 어랑촌, 봉밀구 등지에서 격전을 벌여 대승을

1920년 당시 훈춘 일본총영사관 (위), 간도로 침공하는 일본군(아래)

거두었다. 김좌진이 지휘한 북로군정서군과 홍범도가 지도한 대한독립군 등이 주력이 되어 독립군대 연합부대를 형성하였는데 총병력이 2,000명에 달했다. 이들은 간도를 침입한 일본군 소장 아즈마 마사히고東正彦의 토벌군 5,000명을 상대로 10여 차례에 걸쳐 크고 작은 전투를 수행하였다. 그 중에서도 10월 21일 일본의 선두부대인 기병대가 청산리에 온다는 정보를 알아내고 독립군 제2연대는 3부대로 나누어서 청산리 북쪽의 고산 삼림 지대인 백운평으로 이동하여 대기했다가 일본군을 전멸하였다.

독립군의 이와 같은 승리가 많이 반복되지는 않았지만, 우리 민족이 일본에 나라를 빼앗기고 만주로 들어와 받은 천대와 고통을 감수하면서 일본과 무력으로 대결하여 승리를 거둔 그 의미는 매우 중요하다고 하겠다. 이러한 결전은 일본사람들이 말하는 '불령선인'들과 일본토벌대의 대결전이 아니라 육탄혈전을 주장한 모든 독립운동가들이 갈망했던 전투였다. 청산리대첩이 있은 후 홍범도부대, 최진동부대와 다른 무장 독립군들은 남만주 간도에서의 일본과 중국관헌의 감시와 압박이 너무 심해져 간도에서 더 북쪽 오지 시베리아로 피신해 가지 않을 수 없었다. 또한 러시아에서 무장운동을 계속하려면 공산주의 과격파에 가담해야 된다는 사상적 변화를 가져오기 때문에 러시아에서의 무장 항일독립운동은 쉬운 것이 아니었다.

일본은 무장한 독립군의 항일운동을 근절할 수 없게 되자 1925

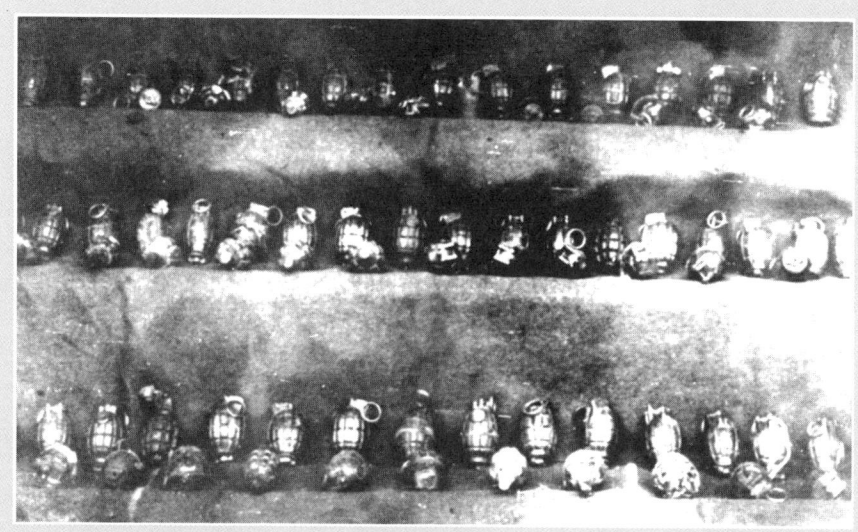

일본군에게 노획된 독립군 수류탄(위), 청산리대첩을 승리로 이끈 북로군정서(아래)

간도참변 당시 학살현장

년 6월 11일 조선총독부의 경무국장 미쯔야 미야마쯔三矢宮松와 만주에서 치안을 담당하고 있던 봉천전성 경무처장 유젠于珍사이에 미쯔야협정을 맺어 독립무장운동을 통제하였다. 이 협정은 전 8조로 되어 있고, 시행세칙 7조로 되어 있는데 남만에서 무장운동을 계속하기가 힘들게 만들어졌다.

제1조는 이주 한인에 대한 중국의 호구조사에 관한 것이고, 제2조는 중국에 있는 한인들이 무기를 가지고 한국내로 진격하는 것

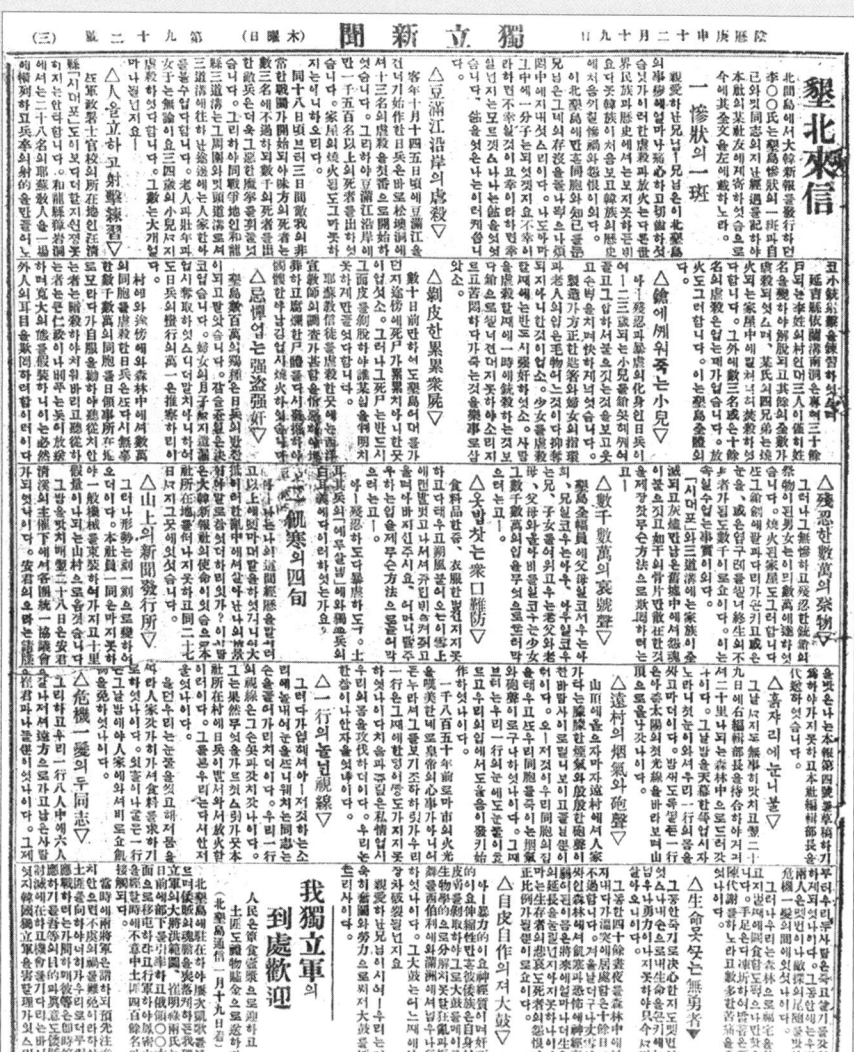

간도참변을 크게 보도한 《독립신문》 기사(1921. 1. 27)

을 엄금하고, 위반자는 중국 지방관헌이 체포하여 일본 관헌에게 넘겨야 한다는 것이다. 제3조는 '불령선인' 단체를 해산하고 총기를 수색하여 몰수하여 무장해제를 한다는 것이고, 제4조는 한인이 소유하고 있는 총기와 화약은 수시로 조사하여 몰수한다는 것이다. 제5조는 일본관헌이 지명하는 '불령단체' 수령을 체포하여 일본관헌에게 넘긴다는 것이고, 제6조는 중국과 일본의 두 경찰은 서로 '불령선인'의 취조 실황을 서로 통보한다는 것이다. 제7조는 중국과 일본 경찰은 서로 국경을 넘지 말고 필요할 때는 통지하여 처리 방법을 청구한다는 것이고, 제8조는 이상의 합의 사항을 성의를 가지고 기한을 정하여 해결한다는 것이다.

이것은 일반적인 합의고 세칙에 들어가면 더 까다로운 통제가 있었다. 봉천성 동변도 관할구역내의 한인은 선량하다고 인정하는 사람에 한해 거주 증명서를 준다고 하고, 이사할 경우에는 이주증명서를 받아야 하며 한국으로 가려고 하는 사람은 이를 체포 취조한 후 일본경찰에 넘겨야 한다. 어떠한 집회 결사도 부당하다고 인정되는 것은 엄금하고 처벌한다. 일본관헌이 요구하는 사람은 잡아서 반드시 넘겨주어야 한다는 것이다. 이 협정은 자세히 설명하지 않아도 간도에서 한인들이 독립운동을 하는 데 큰 타격을 준 말단 경찰들의 합의서이다. 그러나 일본은 일본대로 또한 중국은 중국대로 자기들의 치안유지를 위해 우리 독립군의 항일운동을 통제하였다. 이로써 1920년 후반 만주에서의 무장독립운동은 큰 타격을

육군 주만참의부의 부대

받았다.

　만주에서의 무장독립운동은 점차적으로 쇠퇴해 갔을 뿐 아니라 그 성격 또한 달라져 갔다. 이를 크게 구분하면 3개의 단체로 요약할 수 있다. 즉 참의부, 정의부, 신민부다

　이주 한인사회를 기반으로 무장운동을 한 참의부參議府는 1923년 8월에 병력이 600명 정도가 되었다 한다. 참의부는 일본 총독 사이토 마코토齋藤實를 처단하려다 일본 군경

신민부의 지도자 김혁

의 습격을 받고 큰 타격을 받았다. 둘째 단체는 김동삼이 지도한 정의부正義府로 지방의 작은 단체들을 통합하여 항일 무력투쟁보다 지방자치제를 중요시하기 시작했고, 무장단을 두는 이유도 만주에 있는 일본군대와 싸우려는 것이라기보다는 이주민들의 치안을 위해서 였고, 정부와 같은 역할을 한다며 호당 6원의 세금과 소득세를 징수하였다.

　1925년 3월 15일에는 이주민이 가장 많이 살고 있는 간도에 신민부新民府가 설립되었다. 이회는 김혁金爀을 위원장으로 선출하고 군사위원장 겸 총사령은 김좌진이었다. 신민부는 군사를 의무제로 모집하고 사관학교를 설치하고 간부를 양성하기로 하였다.

정의부 활약을 보도한 동아일보 기사(위)와 신민부가 활동했던 석두하자 마을(아래)

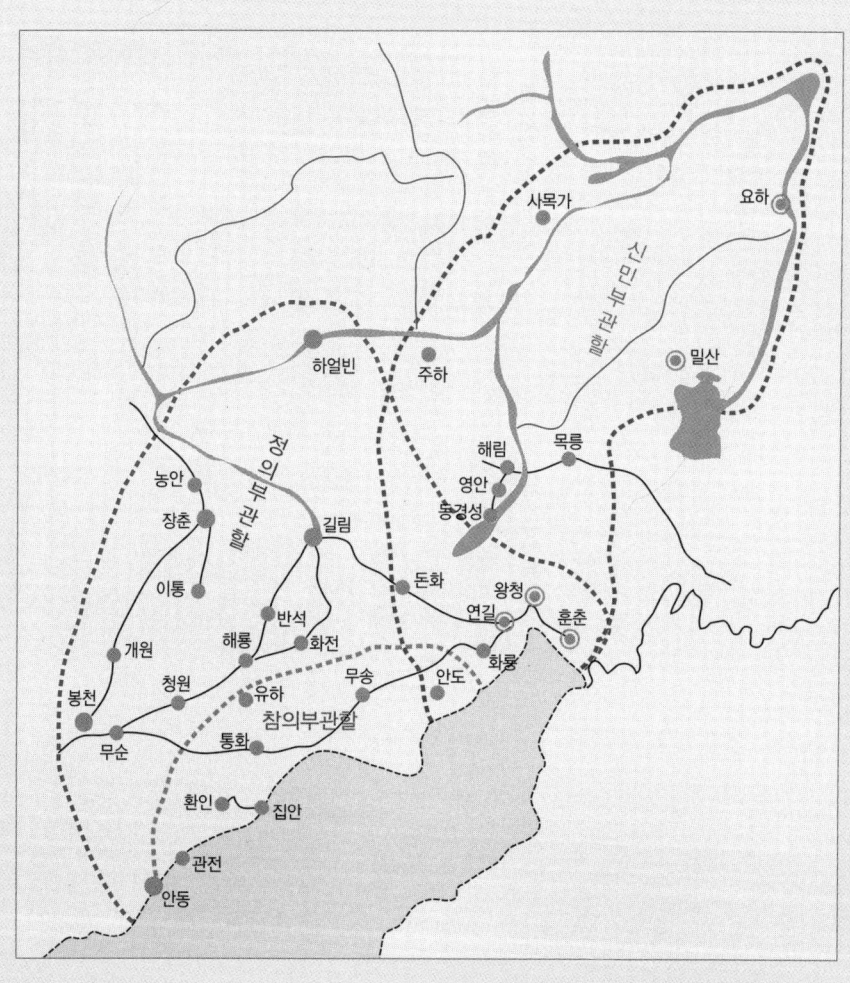

삼부(정의부, 참의부, 신민부) 관할도

이들 3부는 1927년부터 2년 동안 통합을 시도하였는데 여러 번 실패하다가 1929년 4월 제2차 3부 통합회의에서 국민부國民府를 설립하였다. 그러나 이러한 단체들의 결성 목적은 이주민 사회의 한인 독립운동과 항일 군사행동으로부터 자치행정과 재만 한인의 민족문화 향상, 산업발전, 공공의 안녕과 질서를 자위하는, 즉 공안자위共安自衛 등으로 변해갔다.

3·1운동으로 시작한 독립정신은 무력투쟁으로부터 자치권 획득책으로 변해 갔고, 중국 국민당이 만주에서 쇠퇴해 가고 일본군이 득세함으로써 이주민들에 대한 탄압은 더욱 심해져 갔다. 1930년대에 들어서면서 일본군의 만주침략에 저항하여 무장투쟁을 하는 것은 중국의 국민당 군대나 한인 독립군이 아니었고, 소련의 국제공산당 지도를 받는 중국의 공산군이었다.

규암의 민족교육과 기독교 신앙

달라지는 명동학교, 고뇌하는 규암

규암은 1923년 가을에 명동학교 교장으로 다시 취임하였다. 그러나 명동학교는 개교 초기의 명동학교가 아니었고 학습 환경에 큰 변화가 있었다. 이제는 민족교육의 중요성이나 신교육의 필요성을 강조할 필요도 없고, 학생들도 그런 교육목적이나 교육방법은 기대하지 않았다.

학생들 중에는 3·13운동에 나가서 부상당한 학생이 있는가 하면 무기를 들고 은행돈을 강탈하여 독립운동에 무기를 공급하려다 사형당한 사람도 있었고, 학교 교실에 무기를 두고 길가는 사람들을 심문하는가 하면 친일파 주구들을 잡아다 감금해 놓고 일본관헌에게 요구조건도 내세울 줄 아는 투쟁적인 학생들도 있었다. 규암에게도 명동학교는 예전처럼 일본관헌과 중국관헌들의 감시를 받으며 간도 이주민 자제들의 민족교육이나 사상을 올바로 잡아 언제라도 우리나라의 독립을 쟁취하는 데 도움이 되는 인재양성을

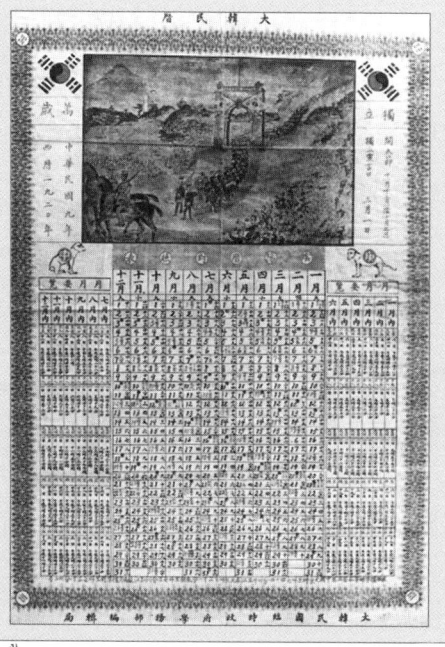
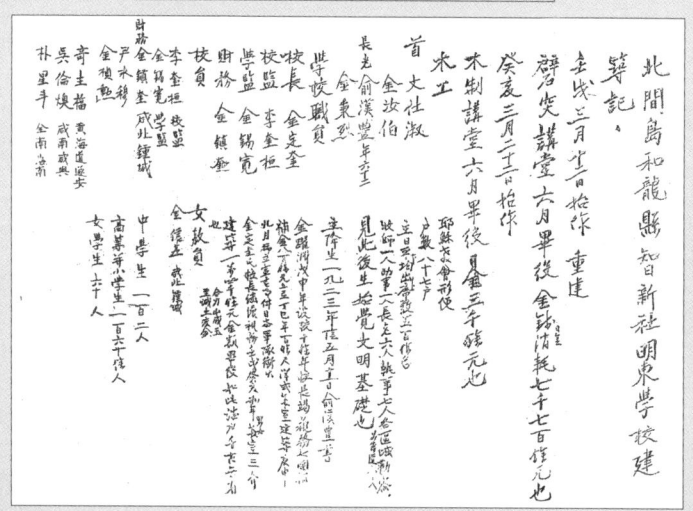

명동학교에서 사용된 임시정부 발행 달력(위), 달력 뒷면에 기록된 명동학교 건축기(아래)

하려는 학교가 아니었다.

　명동학교는 교사를 새로 건축하는 문제도 있었지만 이보다 더 큰 문제는 규암과 학생들 사이의 근본적인 사상적 차이가 일어나고 있었던 점이다. 학생들은 명동학교의 근본 교리인 기독교에 도전하기 시작했다. 즉 학생들은 종교와 교육을 분리하여 명동학교에서 기독교를 제거하라고 요구하였다. 규암은 이러한 도전을 받고 절대적으로 반대하였다.

　뿐만 아니라 학교에 대한 종교적 통제를 강화하였다. 서로 상반되는 목적의 대립은 종교 내지 교육문제의 차원이 아니라, 1920년대 중반부터 사회주의와 공산주의 사상의 침투에 있었다. 규암은 명동학교 학생들이 사회주의 운동에 참여하는 것을 반대하였고, 학생들은 학교 교장의 퇴진을 요구하면서 동맹휴학에 들어갔다.

　옛날 같으면 규암이 학생들 앞에서 자기의 종아리를 치며 학생들을 교화시킬 수 있었으나 지금은 그런 유생의 수신제가修身齊家하는 윤리 원칙만으로는 학생들을 움직일 수 없었다. 명동학교는 기독교 학교라서 조물주에게 기도해도 "마귀"가 좌우하는 학생들은 기독교 자체를 제거하라고 요구하고, 규암이 교장직을 사임할 것을 주장하였다.

　규암의 사직에 대하여는 상세한 기록이 없다. 규암이 학교 교장으로 부임한 다음해인 1924년 갑자년 흉년이 들어 학교 재정은 곤란하게 되었다. 1925년 휴교령이 있은 후 명동학교는 폐교되었다.

명동학교고등과 제5회 졸업기념(1926. 3. 26), 명동학교 여자고등과 제5회 졸업기념(1926. 3. 26)

그러나 이것은 항산·항심에 어긋나는 일이며, 바로 1년 전에 일본 관헌이 불태운 학교를 일본의 도움도 거절하면서 자력으로 재건할 수 있었던 규암과 명동학교가 갑자년 흉년으로 학교를 폐교했다는 것은 이해하기 어려운 말이다.

규암이 왜 학교를 폐쇄했는 지, 규암이 왜 교장직을 사임하였는 지는 자세히 전해지지 않지만 아마 이 두 조치가 함께 취해졌을 가능성이 많다. 그가 감옥에서 돌아온 명동학교는 예전의 명동학교와는 전혀 다른 학교로 변해 있었다. 이것은 그의 교육방침이나 그의 노력과는 아무 관계가 없는 또 다른 문제라고 판단하였다.

당시 만주에는 서울청년회의 지도자로 있던 김사국金思國이 간도로 와서 1923년 방한구方漢口와 함께 동양학원을 세우고 공산주의 선전을 일삼았다. 이들은 특히 영신중학교·대성중학교·동흥중학교 학생들을 훈련시켜서 공산주의를 선전하고 중학생들로 하여금 종교의 학교통치권을 반대하는 투쟁조직을 만들어 학교의 종교의식을 폐지하도록 하였다.

특히 동흥중학교의 임민호林民鎬는 자기와 함께 학교를 다니는 이동광李東光(후에 동북항일연군 간부)과 함께 사회과학연구회와 독서회 같은 공산주의 조직을 만들었다. 이들은 조선공산당이 서울에 건립된 후 간도에서 조선공산당 만주총국 동만구위원회 청년부를 발전시킨 사람들이다. 러시아 혁명이 있은 후 연해주 쪽에서 불어오는 사회주의와 공산주의의 바람은 규암도 저항할 수 없는 마

김약연(위), 평양신학교 전경(아래)

명동교회와 명동학교 학생들

르크스주의 사상의 동점이었다. 이 사회주의 혁명의 바람은 우리나라나 간도의 명동학교를 막론하고 불어왔고, 규암의 노력이나 근면과 상관없이 세계를 휩쓸었다. 규암에게도 이러한 변화의 징조는 충분히 나타났다. 규암이 연해주에서 열린 전로한족총회에 참가하고 돌아오던 때도 공산진영에서는 규암을 포섭하려고 한 알렉산더와 최 니콜라이를 귀로에 동행시켰다. 이들의 정체는 확실

明東教會 一同

히 나타나 있지 않으나 이들은 연해주의 조선공산당원들로서 규암을 통해 간도에 공산주의를 선전할 목적으로 왔다. 자기의 혁명 동료로 오랫동안 친근한 관계를 맺었던 이동휘는 연해주와 중국 본토에서 조선공산당을 조직했으며 간도에 있는 민족주의 운동단체들의 공산화를 추진하는 데 앞장 서 있었다. 또한 간도 대한국민회 산하의 민족운동자들 대부분이 사회주의적 경향을 가지게 되었고,

명동교회 뒤쪽 나무 위에 세워진 종각

규암의 동지들이었던 구춘선 · 계봉우 · 김립 · 주건 등이 사회주의자로 또는 공산당원으로 전향하였다.

규암은 명동학교를 창설한 후 17년 동안 간도에서는 최고의 민족주의 교육기관을 만들었고 항일투쟁을 위한 인재양성 그리고 기독교 교육에 충실했으며 1,200 명 이상의 애국청년을 키워냈다. 그러나 규암 개인으로서는 1925년 명동학교를 폐교하면서 그의 기독교에 대한 신앙을 고백하고 선언한 것이라고 할 수 있다. 규암은 명동학교 문을 닫는 한이 있더라도 자기 신앙을 버리지 않고 사회주의나 공산주의를 받아들이지 않았다. 또한 규암은 자기가 가르치던 학생들이 그 길을 택하지 않도록 끝까지 노력하였다. 자기를 따르는 명동학교 학생들은 전부 기독교 선교사들이 만든 학교인 용정의 은진중학교로 전학하게 하고 자기 자신도 명동촌을 떠나 용정으로 이사하였다.

공산주의운동이 만주를 휩쓸다

제1차세계대전이 끝난 후 우리나라 독립운동가 들은 미국을 선두로 하는 세계 민주진영에 많은 기대를 걸었다가 크게 실망했다. 미국의 대통령 윌슨은 민족자결주의 원칙을 천명하고 식민지나 반식민지국가에서 신음하고 있는 피압박민족들을 구해내려고 했다. 그러나 미국은 우리나라의 3 · 1운동이나 중국의 5 · 4운동을 보면서도 적극적으로 나서지 않았다.

사실 미국은 제1차세계대전에서 결정적인 승리를 가져온 전승국으로서 대전 후 평화체제에는 아무런 기여도 하지 못했다. 윌슨이 만들어낸 국제연맹League of Nations에 미국은 가입하지도 않았다. 미국 워싱톤에서 열렸던 전승국들의 평화회의는 한 개의 전승국들의 군축회의로 전락했으며 많은 약소민족들의 희망은 수포로 돌아갔다. 이러한 때에 일어난 것이 공산주의자들이고 러시아의 공산혁명이다. 즉 러시아는 제1차세계대전을 자본주의 약탈자들의 전쟁이라고 단정하고 일방적으로 1차세계대전 도중에 전쟁에서 탈퇴하면서 자기나라의 공산혁명을 마치고 세계의 피착취계급의 무산자혁명을 제창하였다.

러시아혁명의 지도자 레닌은 제3국제공산연맹을 모스크바에 설치하고 식민지와 반식민지에서 자본주의와 제국주의 국가로부터 착취당하며 고충을 겪는 민족들을 구해 줄 것을 약속하였다. 특히 극동에서 신음하고 있는 국가와 미국의 감언이설에 낙심한 극동 지도자를 위해 제1차 극동노력자대회The First Congress of the Toilers of the Far East(또는 제1차 극동피압박인민대회, 극동인민대표대회)를 모스크바에서 개최했다. 이 회의는 이루크츠크Irkutsk에서 1921년에 개최하려던 계획을 변경하여 1922년 1월 22일부터 2월 2일까지 모스크바에서 개최하였다. 회의에 초대받아 투표권을 가지고 참가한 사람들 124명 중 우리나라 대표가 57명으로 가장 많았다.

워싱턴 군축회담 회의 광경

만주에서의 우리나라 민족주의 독립운동이 그러했듯이 연해주와 상해에 있던 우리나라 공산주의 운동단체들 사이에도 파벌 투쟁이 극심하였다. 회의에 참석한 우리나라 사람들은 크게 분류해 보면 공산진영을 대표한 연해주의 조직들이고 남만춘, 김철훈 같이 러시아로 귀화한 우리나라 사람들로서 러시아 공산당의 극동주재 대표로 있던 보리스 슈미야쯔끼Boris Shumiatsky의 절대적인 지지를 받고 있던 사람이 이루크츠크파로 제일 많았다. 그 다음으로 우리나라 독립투사로 공산주의를 신봉하게 된 상해파의 이동휘와 박진순 등이었고, 여기에 여운형과 장건상, 소위 사회주의자들과 조선공산청년회를 대표한 박헌영과 임원근 등이 포함되어 있었다. 민족주의자로서는 김규식과 나용균, 김시현이 있었고 애국부인회 대표로 김원경와 권애라가 참석하였다.

대회를 주재한 코민테른의 중앙집행위원장 지노비에브 Zinoviev는 그의 대회 기조연설에서 국제공산 혁명의 기본정책으로 공산혁명의 중점을 유럽에 둘 것이 아니라 아시아에 두고 아시아 제일주의를 실시할 것을 천명하였다. 특히 투표권을 제일 많이 가지고 있는 조선 대표들에게 조선혁명의 유일한 해결 방법은 혁명적 노력자들과 함께 전진하는 것이라고 역설하였다.

또한 지노비에브는 서방제국주의와 자본주의에 대항하는 민족주의 봉기에 대하여 코민테른이 절대적인 지원을 아끼지 않을 것이라고 선언하였다. 이 회의에 참가한 조선 대표들의 의장이었던

코민테른에 참가한 박진순(레닌의 오른쪽, 위), 코민테른 성립 축하식(아래)

소만 국경지대인 흑하 아이훈

민족주의자 김규식은 이러한 열렬한 공산주의 진영의 지지를 듣고 장문의 글을 써서 미국의 독선적인 태도와 믿을 수 없는 지원과 협력을 규탄하고, 앞으로 극동에서 신음하고 있는 인민은 전부 힘을 합하여 워싱턴 회의에 참가한 민주주의 국가의 탈을 벗기고 그들의 정체인 흡혈귀吸血鬼를 폭로해야 한다고 하였다. 그리고 조선독

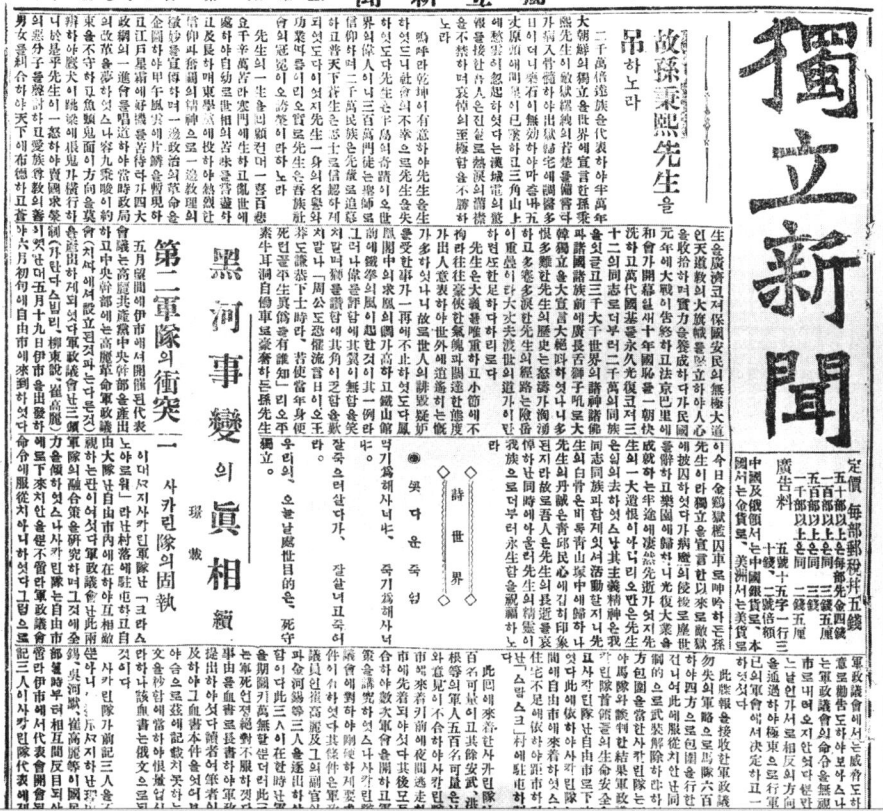

'흑하사변' 기사의 진상을 보도한 《독립신문》

립은 러시아의 도움을 받아 성취할 것이라고 하였다.

　그러나 이런 화려한 러시아 공산주의자들의 우리 독립운동에 대한 지지와 연설 뒤에는 막대한 모략과 파쟁이 있었다. 이루크츠크파와 상해파의 파쟁은 자유시Svobodnyi에서 무장 충돌로 유혈사건이 일어났고, 만주에서 연해주나 시베리아로 들어간 우리 독립군은 다시 만주로 쫓겨 왔다. 또한 이 노력자 회의에 참가하려고 만주를 떠나 중국을 거쳐 모스크바로 출발한 이동휘는 이루크츠크파들의 훼방으로 회의가 다 끝난 후에야 모스크바에 도착하였다.

　이동휘는 결국 레닌을 만났는데, 레닌은 조선 공산혁명을 위하여 금전적 원조를 약속하고 후에 한형권에게 돈을 넘겨주었다. 이것이 또 만주에 있는 이동휘와 상해 임시정부 사이의 화근이 되어 공산당 사업에는 쓸 수 없게 되었고 공산혁명과는 아무 관계도 없는 1923년에 개최된 임시정부의 국민대표대회 비용으로 사용되었다.

　코민테른은 조선공산혁명이 러시아로 귀화한 한인들과 만주에서 항일운동을 하던 공산주의자들과의 파쟁으로 변하여가는 것을 막기 위해 두 파의 통합을 명령하였다. 이 회의는 치타Chita에서 열리게 되어 있었는데 치타와 이루크츠크 사이에 있는 웨르후네우진스크에서Verkhnieudinsk에서 1922년 11월에 150명이나 되는 대표들이 모인 가운데 열렸다. 그러나 회의는 열리자마자 이동휘 진영 대표들의 자격문제로 결렬되고 말았다. 이러한 파쟁의 연속을 지켜본 코민테른은 두 파를 전부 해산시키고 만주나 연해주에서의 공산주의 운동보다 한국내에 공산당을 수립할 것을 지시하였다.

만주와 연해주에 있었던 공산주의자들은 국제공산주의연맹 즉 코민테른의 지시를 받아 서울에 조선공산당을 1925년 4월 17일에 수립하였다. 조선공산주의자들은 1925년부터 1928년까지 4번이나 조선공산당을 조직하고 지하에 숨어서 활동했지만, 일본 사상경찰에 적발되어 해산되고 말았다.

조선공산당의 산하단체로 만주총국을 세운 것은 제2차 공산당 당수 강달영姜達永이었는데 1926년 4월 6일 조봉암曺奉岩을 만주로 보내어 조직하였다. 조선공산당 만주총국은 최원택崔元澤의 지도로 1927년 5월 1일 5·1절에 큰 폭동을 일으켰다. 이때 최원택·김동명·정재윤 등이 체포되었다.

이 당시 만주총국에는 간도 각지에 16세포가 있었고 당원이 무려 100명을 넘었다고 한다. 이것이 제1차 간도공산당 사건이다. 이 사건으로 국내의 화요파가 지도해오던 만주총국은 큰 타격을 받았다. 다음해 1927년에도 역시 5·1절을 기념하여 폭동을 일으키고 강연회를 개최하여 일본제국주의 군벌들의 간도 침략을 폭로하였다. 이번에는 조선공산당 북풍회北風會에서 계획하였다.

조선공산당 만주총국의 항일운동 데모는 5월에도 있었고 9월에도 있었다. 이러는 동안 일본 군경들이 만주총국 북풍회 지도자 한상묵韓相默, 유운劉雲, 최화봉崔華封 등을 체포하여 서울에 송치했다. 이것이 '제2차 간도공산당사건'이다. 이런식으로 계속해서 모험적인 항일운동은 만주총국에 속한 어느 파를 막론하고 조선공산당의 만주에서의 활동에 타격을 주었다.

한인들이 간도에 만주총국을 세우고 막대한 희생을 하면서도 공산주의를 신봉하고 항일운동을 전개하는 것을 보고 중국도 1927년 10월에 중국공산당 중앙 동북국은 만주성위원회를 결성하였다. 그리고 코민테른은 1928년 제6차 대회에서 "일국일당一國一黨" 원칙에 기초하여 조선공산당 만주총국은 해체하고 조선 당원은 개인자격으로 중국공산당 만주성위원회에 들어가라고 지시하였다. 그들이 발표한 해체선언서를 보면 지난 5년간(1925~1930) 혁명투쟁기간 중 31명의 사망자와 200명도 넘는 당원들이 체포되었다고 하고 자기들은 반제국주의 반봉건주의 투쟁에서 엄중한 오류를 범했다고 하였다.

조선공산당은 만주에까지 자기들의 조직을 연장해서 중국공산당과 대립하는 것을 알면서도 민족별 조직을 견지해왔다고 했다. 이것은 가장 큰 오류의 하나라고 자백했다. 해체성명서에 첨부된 공약은 만주에 있는 조선공산주의자들은 조선공산주의운동에 손을 떼고 조선공산당의 연장조직을 만들지 말라. 모든 파는 해체하고 개인의 자격으로 중국공산당에 가입하라는 것이었다.

이러한 한인과 중국인들의 합동투쟁을 기념하기 위해 1930년 5월에 용정에서는 노동자 200명이 휴업투쟁에 들어갔고 간도의 중학교들이 휴교하였다. 투두거우에서는 300명 이상이 모여 반제국

용정 수성촌에 건립된 간도 공산당 5·30폭동기념비

주의 투쟁을 벌려 대대적으로 붉은 5·1절을 축하하였다. 한인들이 사는 농촌 마을에서는 지방관헌의 조세부과에 반대하여 데모하면서 지주와 고리대금업자들의 횡포를 폭로하였다.

그리고 그들이 즐겨 쓰는 전화 연락선을 끊어버렸다. 이들은 또 두도구에 있는 일본영사관 분관도 습격하였다. 일본관헌의 보고에 의하면 지주들의 집 19개가 소각되었고 철교 4곳이 파괴되고 전화선이 10곳 끊어지고 발전소 하나가 파괴되었다고 한다. 용정에서의

5월 30일 폭동은 강학제姜學悌와 김철金哲이 주도했다고 한다. 이 과정에서 강학제는 전사했고 김철은 부상당해서 체포되었다. 이것이 소위 말하는 간도 공산당 5·30폭동이다.

만주에서의 공산주의운동, 특히 조선공산당 만주총국의 활동은 1926년부터 1930년까지 활발하게 전개되었다. 명동학교의 폐쇄같은 것은 그들의 투쟁대상도 되지 못하였다. 그러나 이러한 폭동정책은 오래가지는 못하였다. 간도 5·30폭동 후에도 1930년 8·29 또는 1930년 9·7추수투쟁이 계속되었으나 이것들은 중국 만주성위원회에서 주관한 투쟁이었다.

간도에서 항일투쟁이 조국을 찾으려는 이주민들을 중심으로 전개되었으나 규암이 감옥에서 나올 무렵부터는 항일투쟁에 근본적인 변화가 오기 시작하였다. 러시아혁명이 성공하고 나서 공산주의 사상은 산불과 같이 만주 벌판을 뒤엎었다. 우리 독립군들도 밀려서 연해주와 시베리아로 들어갔고 그곳에서 러시아 사람으로 귀화하였다. 나머지는 만주 오지에 들어갔고 봉오동전투나 청산리대첩 같은 항일 독립전쟁을 할 기회는 완전히 없어지고 말았다.

1930년 이후의 만주 항일운동의 주동력은 한인 독립투사들도 아니고 중국 국민당의 군대도 아니었다. 일본을 상대로 만주에서 싸운 세력은 중국공산당이었고 모스크바의 국제공산연맹과 연락이 있는 중국공산당 만주성위원회에 속해있는 무장단체들이었다. 그 중 가장 중요한 것이 동북항일연군(전 동북인민혁명군)이다. 이 연

만주를 침략하는 일본군(위), 동북항일연군

흑룡회에서 세운 '일한합방기념탑' 제막식 기념

군의 제2군이 주로 한인 빨치산으로 편성되어 있었고 김일성이 제2군 제6사의 사령으로 있었다. 이들은 해방 후 북한으로 들어와 북한의 지도자들이 되었다.

일본은 이러한 와중에도 흑룡회黑龍會라는 조직을 만들어 기따이끼北 一輝의 말을 이용해 흑룡강이 일본의 북방 국경선이라고 하면서 만주를 점령하였다. 1931년 9월에 만주를 침범하고 1933년에는 중국 청나라의 어린 황제를 데리다가 만주국황제로 모시고 위

만주국을 수립하였다.

  일본이 만주를 점령하고 나라를 세워 일본의 위성국가 즉 식민지로 다스렸다. 이러한 식민지를 일본에 유익하도록 써보려고 민생단과 같은 친일단체도 만들었고 만주에 산재해 있는 소수민족들을 일본 사람으로 동화 또는 위 만주국을 지지하도록 설득하려고 오족협화회五族協和會도 만들었다.

규암, 61세의 고령에 목사가 되다

  1929년 규암은 자기의 신앙을 완벽하게 하기 위해 평양으로 가서 61세의 고령으로 신학교 학생이 되었다. 이때 규암은 정신적으로 커다란 좌절감을 느꼈다고 생각한다. 자기의 피땀으로 지어 올린 명동학교를 폐쇄하고 자기와 함께 간도로 집단 이주해 온 고장 명동을 떠나게 되었어도 그는 공산주의와 사회주의를 수용하지 않고 기독교인으로 자기의 신앙을 더욱 굳게 지키고 있었다. 아마 자기의 혁명동지인 이동휘와 구춘선의 권고와 유치도 있었겠고 자기가 새로이 얻은 기독교 선교사들의 공산주의를 반대하는 경고와 그 사상에 물들지 않도록 하는 충고도 한 두 번이 아니었다고 생각한다.

  규암은 자기 신앙을 지키고 환갑이 지난 나이에 목사가 되려고 평양신학교의 학생이 되었다. 기독교 평양신학교도 이러한 규암의

1936년 용정을 방문한 여운형을 환영하는 규암과 은진 졸업반 학생 일동(위), 제창병원 한국인 의사와 간호사들(1936)

김약연과 동만노회 30주년 기념(1937. 11. 18)

입장과 의지를 존중하고 이해하는 듯 특별조치를 취해 1년 동안 규암에게 속성훈련을 시켜 목사공부를 조속히 마치도록 하였다.

그는 안수를 받은 후 명동교회에 돌아와 그곳 목사로 임명되었다. 규암의 신앙은 완벽했다. 그의 전도를 받은 사람들은 규암의 신앙에 대해 찬사를 아끼지 않았다. 그 많은 괴로움과 고통을 주던 일본관헌과 군경도 어찌 할 수 없었다. 공산주의가 가지고 온 사상은 학생을 동원하여 쉽게 명동학교도 문닫게 하고 규암도 사임하도록 하였다.

규암을 비롯한 우리나라의 많은 이주민이 살고 있던 간도는 이제 위 만주국의 동삼성東三省으로 변하였다. 그러나 규암은 러시아의 공산주의 사상에나 일본이 무력으로 뒷받침하는 사상과 권력에 흔들리지 않고 명동교회 목사로 은진중학교와 명신여학교의 선생으로 또한 간도 이주민의 둘도 없는 지도자로서 살았다.

그는 만년에 〈동만노회東滿老會의 30주년 약사〉를 집필하였는데 당시 69세였다. 규암이 회상한 바에 의하면 간도 장로교회 전도는 1907년에 용정에서 시작했다고 한다. 첫 교회 교인은 구춘선·박무림·이보영·한봉회·최정식 등 17명이었다. 구춘선은 3·1운동 후 간도의 국민회 회장으로 민족운동에 실망하고 공산주의를 신봉한 규암의 동료다. 박무림(박정서)는 서전서숙이 문을 닫았을 때 규암의 명동서숙의 숙장으로 규암이 임시 채용했던 사람이고, 박무림은 정재면을 규암에게 소개하였다.

謹視

文在麟牧師故後十週年
紀念文

라으로 성신을 받았으니 그는 신자된 후에
別로히 부르심을 勤々不已 하야 文君이 十年敎役을 一
日과같이 勤々不已하야 傳道에 是地나 君이 十年敎役을 一
勤綏週年紀念式을 擧行코자 하니 이는 子本敎會을 對
對하야서 日倍하야서 三週年記念式 하고자 하니 可也오
昨晩君이 내게 하야 말씀이 國畫冊夜에 一日이틀 四日이나
云云하옵니다 一年만 늦음이라도 如家에 慨歎의 事이어늘
큰일을 맡으셨으니 禮拜堂에 君에게 그 되나니 天稟이 十歲
도 不拘하고 自手로 獻金 四十 責任者
長老된 분들이 執事가 되며 勤務한 誠하며 信徒에는 나
學請願에 許諾을 받았으며 活動하면서 新舊起立하며 新
그러나 文君이 歡迎코 새로난 生活에이라 君은 命을 어찌
나 家內老者에 되지는 若有君에 命令이 있는가

物이나 사물을 보며 愛人如己하나니 하나님의 事我다
없어서 이의 寬大하고 隆重하여 사람더러 사람 一體의 造化
를 주네 今日 禮拜堂에 密히 雲集함이 여우 있나니라 惟
道此 不德 不在 不物의 誤聚을 智學的 三大字의 正論을 公認
로는바이 없으니 第二의 祝함이 가온다고
말도叩簡單히 말하고 끝에 새 陽에會聚의 敎役 十週年
間에서 그 사이 그모든 일들에 記念함을 一般的으로紀念 함
紀念의 뜻이 있을따름 支在 麟 牧師 는 果若是 사람이 있는
고나 真實로 하나님이 사라옵 사람이 確然한다는 史實에 訴 與로
倂第三祝의 끝을 맺고자 합니다

東德九年 二月 十八日

圭巖 散人 金羅淵 三鞠
代讀

龍井中央敎會 紀念禮式 御中

규암이 집필한 문재린목사 교역 10년 근축기

규암은 또 자기가 정재면과 박태환을 명동학교에 채용했던 것을 회상하며 이 세 사람이 길동기독전도회吉東基督傳道會를 조직하고, 1911년 2월에는 이동휘가 성진구역조사로서 간도교회를 심방하던 중 명동에서 대사경회를 열었는데 200명이 모여 공부했다고 하였다. 이때 길동기독전도회 이름을 고쳐 삼국전도회三國傳道會라고 하였다고 그는 회상하였다. 규암은 이 삼국전도회가 문자그대로 열광적인 활동을 하였는데, 그 본부는 명동학교에 있었고 이들을 지도한 사람들은 명동중학교 출신들이었다고 하였다.

규암이 언급한 이동휘도 기독교 출신으로 후에 고려공산당 당수로 연해주에서 활동하다가 1935년에 연해주에서 작고하였다.

규암은 캐나다 선교사들과 친근한 관계를 유지했고 그들의 전도사업을 높이 평가하였다. 캐나다 선교부는 용정 동산東山에 23,500여 평 되는 땅을 사들이고 여기에 선교사 주택을 지어 선교를 시작하였다. 규암은 이들의 업적을 지적하면서 배신여 성경학원을 1915년에 창립한 것을 높이 평가하고 137명의 졸업생을 냈다고 하였다. 또한 캐나다 선교사들이 명신明信여자 중학교를 1913년에 은진恩眞 중학교를 1917년에 창립하였다고 하면서 간도지방의 이주민들의 자녀교육에 크게 공헌하였다고 하였다. 학교뿐 아니라 1916년에는 제창병원濟昌病院을 세워 간도주민들의 보건사업에도 이바지 하였다며 캐나다 선교사들의 공적을 특기하였다.

규암은 확고한 기독교 신자의 믿음을 가지고 공산주의나 친일

행위는 기독교 교리에 어긋나는 것이며 반 한국적 사상이라고 확신하였다. 일본이 간도에 위 만주국을 세우고 규암을 유혹하였으나 그는 권력에 가담하지 않았고 굴하지도 않았다. 또한 러시아와 시베리아에서 공산세력들이 사상전환을 목적으로 다양한 전술 전략을 쓰면서 협박하였으나 규암은 명동학교 문을 닫는 한이 있어도 자기의 신앙과 신조를 지키며 굳건히 살다가 1942년 10월 29일에 일생을 마쳤다. 그는 일체의 유문도 남기지 않은 채 "나의 행동이 나의 유언이다"라는 의미심장한 말 한 마디로 거룩한 삶을 마감했다.

규암의 건국훈장 국민장 훈장증

김약연의 장례식(1942. 10. 29)

김약연의 칭송기념비 제막식(1943. 4. 27)

故 圭巖先生記念碑除幕式

김 약연의 삶과 자취

1868년 9월 12일 김약연이 함경북도 회령군 동촌 옹희면 제1리 행영에서 태어나다.

1875년-1884년 오삼열, 주봉의, 남종구 문하에서 한학을 공부하다.

1875년 안연安淵과 결혼하여 3남 1녀를 두다.

1885년 남도천이 규암을 사판四判이라 칭하다.

1899년 2월 2월 김정규金定奎, 문치정文治政, 김하규金河奎, 남위언南韋彦 등 25세대 142명이 북간도로 집단 이주하여 민족공동체 명동촌明東村을 건설하다.

1900년 윤재옥과 그 가족들이 명동촌으로 이주하다.

1901년 4월 김약연이 용암촌에 규암재奎巖齋를 열고 김하규는 대룡동에 소암재 서재, 남위언은 상·중영촌에 오룡재 서재를 각각 열어 자제들을 교육하다.

1906년 8월 이상설이 용정에 서전서숙을 개설하자, 김약연은 사촌

동생 김학연과 남위언을 보내 서전서숙에서 신식교육의 수업받도록 하다.

1907년 4월 이상설이 만국평화회의에 참석하기 위해 서전서숙을 떠나다.

김약연이 김영학, 강백규, 구춘선, 유찬희, 마진 등과 함께 비밀단체 연변교민회를 조직하고, 회장에 취임하다.

1908년 4월 27일 김약연이 명동의 3개 서재들을 집중하여 명동서숙을 설립하고, 숙감에 취임하다.

5월 상동청년회에서 활동하던 정재면이 명동서숙 교사로 초빙되면서, 명동교회를 설립하다.

1909년 4월 10일(음력 3월 10일)에 교명을 명동학교로 개칭, 새로이 출범하다.

7월 20일 '간도협약'이 체결되다.

9월 간도 지역에 한인사회를 통일적으로 지도해 갈 수 있는 중앙조직으로서, 간민교육회를 발기하다.

김약연이 사회교육단체 길동기독전도회吉東基督傳道會를 조직하다.

1910년 3월 김약연이 명동학교에 3년제 중학과정이 증설하고, 교장에 취임하다.

1911년 3월 명동학교 내에 여학교를 병설하다.

신해혁명이 일어나 청조淸朝의 전제군주제를 뒤엎고, 1912년 민주공화제인 중화민국中華民國이 탄생하다.

1912년 명동학교 제1회 졸업생을 배출하다.

1913년 10월 캐나다 선교사 파거(A. H. Barker) 부인이 용정에서 명신여학교를 설립하다.

4월 26일 간도지역 최초의 한인자치기구인 간민회가 탄생하고, 김약연이 총회장에 선출되다.

9월 22일 명동학교 추계운동회에서 광무황제의 초상을 내걸고 운동회에 모인 주민들과 함께 최경례를 한 후 애국가를 합창하다.

1914년 3월 중국관헌이 간민회와 농무계 두 단체를 해산시키다.

1915년 8월 25일 규암이 장로교 노회 재정위원으로 선출되고, 교회

장로로 장립되다.

1916년 여름 명동여학교 출신의 교사와 졸업생들이 명동교회에서 모여 독립군 후원을 위한 결사대를 조직하다.

1918년 명동학교에 기와식 근대 건물의 교사가 마련되다.

1919년 2월 김약연이 전러한족중앙총회에 참석하기 위해 간도 대표단을 구성하여 니콜리스크로 건너가다.

3월 13일 용정의 서전평야(현재 용정 실험소학교 담벽 뒤 농업실험지)에서 대규모 집회가 열려 독립선언서 발표식을 거행하다. 규암은 독립선언서의 대표 17명 중 최고 지도자의 한사람이었으나, 당시에는 러시아 연해주에 머무르다.

3월 21일 규암이 러시아에서 간도로 돌아오다.

3월 명동학교 출신을 중심으로 충렬대가 조직되다.

3월 한인의 독립운동을 구체화하기 위해 간도독립운동기성총회가 정식으로 발족하다.

5월 3·13운동이 격화되면서 명동학교가 북간도 대한국민회의 본부가 되다.

10월 규암은 구춘선, 황병길, 이동휘가 조직한 무장부대를 후원할 군자금 모금운동을 벌이다.

1920년 1월 4일에 15만원탈취 의거가 일어나다.

1월 간도독립기성총회가 간도국민회로 확대 개편되다.

2월 김약연이 연길도윤에게 체포되어 국자가 감옥에 보호피인되다.

6월 봉오동전투가 일어나다.

9월 30일 일제가 '훈춘사건'을 조작하다.

1922년 2월 김약연이 출옥하다.

6월 명동학교 건물을 완공하다.

1923년 규암이 명동학교 교장으로 재취임하다.

8월 만주에 참의부가 설립하다.

1924년 11월 만주에 정의부가 설립하다.

1925년 규암이 명동학교 교장직을 사직하고, 소학교만을 남긴채 명동중학교를 폐교하다.

3월 만주에 신민부가 설립하다.

1927년 8월 명동기독소년회가 창립하다.

1929년 규암이 평양 장로교 신학교에서 수학하다.

1930년 규암이 목사 안수按手받고 명동교회 목사로 임명되다.

1931년 9월 18일 일제가 만주를 침략하다.

1932년~1934년 규암이 은진중학교에서 성경과 한문을 가르치다.

1938년 2월 규암이 용정의 은진중학교와 명신고녀의 이사장으로 취임하다.

1942년 10월 29일 규암이 용정자택에서 병환으로 서거하다.

■ 참고문헌

- 〈간도 15만원 탈취의거 판결문〉, 《獨立軍의 手記: 海外의 韓國獨立運動史料 XII, 러시아 편, 2》, 국가보훈처, 1995.
- 姜德相 編, 《現代史 資料, 26-30: 朝鮮 1-6》 미스즈 書房, 1966-1976.
- 국제공산당연맹, The Communist International, 〈The First Congress of the Toilers of the Far East〉. Petrograd, 1922.
- 김규식, 〈Asiatic Revolutionary Movement and Imperialism〉, 《Communist Review, III》, no. 3 (July 1922).
- 金德亨, 《韓國의 名家》, 一志社, 1976.
- 金成俊, 《3·1운동 50주년 기념논집》, 동아일보사, 1969.
- 金躍淵, 《동만노회 30주년 약사》, 1937.
- 金正明 編, 《朝鮮獨立運動 1: 民族主義 運動篇》, 原書房, 1967.
- ──, 《朝鮮獨立運動 1 分册: 民族主義運動篇》, 原書房, 1967.
- ──, 《朝鮮獨立運動 II: 民族主義運動篇》, 原書房, 1967.
- ──, 《朝鮮獨立運動 III: 民族主義運動篇》, 原書房, 1967.
- ──, 《朝鮮獨立運動 IV: 共産主義運動篇》, 原書房, 1966.
- 김준, 《15만원 사건: 장편소설》, 가자흐 국영문학예술출판사, 1964
- 김준엽·김창순, 《한국공산주의 운동사》 제1-5권, 고려대학교 아세아문제연구소, 1967-1976.
- 김춘선·안화춘·허영길, 《최진동장군》, 조선인민 출판사, 2006.
- 金鉉九, 《3만 유전》, 개인소장 자료.
- 金弘一, 〈나의 증언〉, 한국일보, 1972. 4. 15.

- 盧泳暾,〈淸日間島協約의 無效와 韓國의 間島 領有權〉,《韓民族 共同體》, 13호, 2005.
- 西村成雄,《中國 近代 東北地域史 研究》, 法律文化社, 1984.
- _____,《張學良》, 岩波書店, 1996.
- 독립운동사 편찬위원회,《독립운동사》, 제3권 3·1운동사 (하) 제1장 북간도 지방 편, 무오독립선언.
- _____,《독립운동사》제5권,〈김약연과 명동학교 학생들의 독립운동활동 상황〉
- _____,《독립운동사》제 8권: 문화투쟁사: 선교학교의 독립운동 기지화과정, 제 3절 간도와 해외동포사회의 민족교육운동 (1) 북간도지방의 민족교육운동, (2) 민족교육의 효시와 실태.
- _____,《독립운동사 자료집》》(6): 3·1운동사 자료집, 북간도의 독립선언 (김약연 이하 17인 서명선포).
- 동아일보사,〈3·1운동과 민족통일〉, 3·1운동 70주년 기념심포지엄, 동아일보사, 1989.
- _____,〈월간 신동아〉(1965년 4월 호), 간도 3·1독립선언 만세사건.
- _____,〈월간 신동아〉(1971년 3월호),〈무오독립선언서 선포에 관하여〉
- _____,〈월간 신동아〉(1972년 1월호 별책부록), 대한독립선언서, 한국현대논설집.
- 〈豆滿江 7百里〉,《서울신문》, 1995. 7. 28.
- 滿洲國 軍政部 顧問部 編,《滿洲共産匪의 硏究》第1輯, 第2輯, 1937.
- 《명신창립75주년기념회지》, 북간도용정 명신여고 서울동문회, 1988.
- 문영금·문영미 엮음,《기린갑이와 고만네의 꿈: 문재린 김신묵 회고록》, 삼인, 2006.
- 文正一,〈戰鬪在我國戰場上的 朝鮮義勇軍〉,《爲抗日戰爭勝利 40周年而作》, 1985.
- 박문일,〈간도개척의 선구자 김약연〉,《韓民族 共同體》, 제13호, 2005년.

217

- _____, 〈1906-1919年間 中國東北朝鮮族人民的私立學校 敎育運動及 其 〈歷史作用〉,《朝鮮族 硏究 論叢》, 3, 1991.
- 朴州信,《間島韓人의 民族敎育運動史》, 아세아문화사, 2000.
- 朴昌昱, 〈間島反日民族敎育의 先驅者 金躍淵〉,《圭巖先生 逝去 55周年 記念文集》, 규암 김약연선생 기념사업회, 1997.
- 박환,《滿洲韓人 民族運動史硏究》, 一潮閣, 1991.
- 반병률,《성재 이동휘 일대기》, 범우사, 1998.
- 〈북간도〉,《아시아 公論》. 1973년 3월호, 상, 4월호, 중, 5월호, 하.
- 北間島 和龍縣 智新社 明東學校 建築記
- 徐紘一,《규암 김약연 목사》, 1868-1942.
- _____,《규암 김약연》: 독립운동가 열전 28. 〈한국일보〉 1989년 8-6.
- _____, 〈北間島 基督敎 民族運動家 鄭在冕〉,《韓國基督敎史 硏究》》, 제15호와 제16호, 1987.
- _____, 〈日帝下 西北간도에서의 民族解放을 爲한 歷史敎育〉, 제3회 한국민족운동사 학술심포지엄, 1990. 10. 29.
- _____, 〈일제하 서북 간도지역 종교운동에 나타난 민족주의적 성격에 관한연구〉, 한신논문 제11집, 1994. 11.
- 서광일 · 김재홍 편저,《北墾島 民族運動의 先覺者, 圭巖 金躍淵 先生》, 고려글방, 1997.
- 徐紘一 · 東巖 편저,《間島史 新論: 上, 下. 선구자와 친일파들의 싸움 (1869~1949)》, 도서출판 우리들의 편지사. 1993.
- 송우혜, 〈명동마을 이야기〉,《韓民族 共同體》제3호, 1995.
- _____, 〈北間島 大韓國民會議 組織形態에 關한 硏究〉
- 신용하, 〈간도와연해주〉,《韓民族 共同體》, 제13호, 2005.
- _____,《韓國民族獨立運動史 硏究》, 乙酉文化社, 1985.
- 서대숙, 조선공산주의운동사 〈Suh, Dae-Sook. The Korean Communist Movement, 1918-1948. Princeton: Princeton University Press, 1967〉.

- _____, 조선공산주의 문헌집, Documents of Korean Communism, 1918-1948. Princeton: Princeton University Press, 1970].
- 延邊政協文史資料委員會 圖們市政協文史資料委員會 編,《洪範圖將軍: 傑出的朝鮮民族英雄 著名的獨立軍司令官》, 延邊人民出版社, 1992.
- 애국동지원호회,《韓國獨立運動史》, 애국동지원호회, 1956.
- 《예수교 장로회 조선 함경노회, 1. 2. 3. 회록합부》, 1914.
- 牛丸潤亮,《最近 間島事情》, 及 朝鮮人社, 1927.
- 尹炳奭,《國外 韓人社會와 民族運動》, 一潮閣, 1990.
- _____,《獨立軍史: 鳳梧洞 靑山里의 獨立戰爭》》, 지식산업사, 1990.
- _____,〈문화일보〉, 1992년 3/10, 3/24, 4/14, 5/12.
- _____編,《省齋 李東輝全書》, 上·下卷, 독립기념관, 한국독립운동사 연구소, 1998.
- _____,《李相卨傳》, 一潮閣, 1984.
- _____,《月刊 新東亞》, 1969년 6월호.
- _____,〈재발굴 한국독립운동사〉, 한국일보, 1986. 8. 29
- _____, "20세기 初 中國에 있어서의 韓國獨立運動,"〈韓國獨立運動과 瑞甸書塾〉, 2006.
- _____,〈1920년 後期 滿洲에서의 民族運動과 獨立軍〉,《한국학 연구》, 1 (1983년 3월), 인하대학 한국학연구소.
- 尹永春,〈김약연〉,《월간 신동아, 한국근대 인물백인선집》, 부록 1970년 1월호, 동아일보사, 1970.
- _____,〈아름다운 인간상〉,《불멸의 성좌》
- _____,〈일사일언〉,《조선일보》, 1974-7-24.
- _____,《한국의 인간상》, 제6권, 근대선각자 편, 신구문화사.
- _____,〈황무지에 세운 기폭〉, 주간조선, 263호 (1972-11-4).
- 尹政熙,《間島開拓史 附 永新中學校 沿革》, 1954.
- 이강훈,《민족해방운동과 나: 靑雷 李康勳 自敍傳》, 제삼계획 1994.

- 이명화,〈북간도 명동학교의 민주주의교육과 항일운동〉,《간도개척의 민족사적 성격》, 백산학회, 2007.
- _____,〈1920年代 滿洲地方에서의 民族敎育運動〉,《한국 독립운동사 연구》제2집, 독립기념관 한국독립운동사연구소, 1988.
- 李日杰,〈朝鮮의 對間島政策〉,《韓民族 共同體》, 第13號, 2005.
- 李智澤,〈남기고 싶은 이야기들, 북간도〉, 중앙일보 연재, 1972. 10. 12~1972. 11. 21.
- _____,《월간 중앙》, 1970년 3월호.
- 李炫熙,《大韓民國 臨時政府史》, 集文堂, 1982.
- 《日本 陸海軍省 文獻》Reel 102.
- 《日本 外務省 文獻》Reel SP 86.
- 전택부,《토박이 신앙산맥 2》, 한국교회 사도행전, 대한기독교출판사, 1982.
- 조동걸,〈3·1運動의 理念과 思想〉,《3·1운동과 민족통일, 동아일보사, 1989.
- 조선일보사,《간도 독립만세 (비화)》, 1966, 제 13810 (3/13), 제 13811 (3/15), 제 13813 (3/17).
- _____, 주간 조선 제263, 1973. 11. 4일.
- 朝鮮族簡史 編寫組,《朝鮮族簡史》, 延邊人民日報社 出版, 1986
- (조선족략사)편찬조,《조선족략사》, 연변인민출판사, 1986.
- 鶴嶋雪嶺,《豆萬江 地域開發》, 關西大學 出版部, 2000.
- _____,《中國 朝鮮族硏究》, 關西大學 出版部, 1997.
- 《中華民國黨案資料》, 5437, 11-39. 獨立紀念館 韓國獨立運動史 硏究所, 1996.
- 周策縱, 五四運動史〈The May Fourth Movement: Intellectual Revolution in Modern China〉, Cambridge: Harvard University Press, 1964.
- 채근식,〈무장독립운동사〉, 대한민국 공보처, 1965.

- 蔡永國,〈正義府 研究〉, 인하대학교 박사학위 논문, 1998.
- 최봉룡,〈연변조선족 자치주의 역사와 현황〉, 단군학연구, 7호
- _____,〈일제하 재만한인의 종교운동, 1910-20년대 북간도를 중심으로〉, 종교연구 제31집 (2003 여름).
- 최인학,〈연변조선족 1백년〉, 서울신문, 1994. 11.～1995. 2월.
- 崔洪彬,〈二十世紀初 中國東北地區的 反日民族獨立運動〉,《朝鮮族研究論叢, 三》, 延邊人民出版社, 1991.
- 《韓國獨立運動과 瑞甸書塾》, 서전서숙 100주년 기념 국제학술회의, 2006.
- 한국독립유공자협회 편,《러시아 지역의 韓人社會와 民族運動史》, 교문사, 1994.
- 한국일보,〈두만강〉1994년 8월 23일부터 11월 8일까지.
- 한국일보사 編,《再發堀 韓國 獨立運動史: 第1篇, 滿洲 露嶺에서의 鬪爭》, 한국일보사, 1987.
- 한준광,〈한중단결 반일공동투쟁의 신호〉, 동아일보 1989. 2. 21.
- 한태악,〈불사조 최봉설 1. 2.〉, 로인세계, 제2호, 1997.
- 〈함경로회 제4회 제5회 회의록〉, 1915년. 제56회 회의록, 1920.
- 玄圭煥,《韓國流移民史》, 上・下卷, 語文閣 1967.
- 洪相杓,〈間島 獨立運動 小史〉, 경기도 평택 한광 중 고등학교, 1966.

■ 찾아보기

ㄱ

간도 36, 40
간도 대한국민회 160
간도 일본총영사관 137
간도개척사 42
간도공산당 195
간도야초間島野草 42
간도참변 168
간도토지대장間島土地臺帳 48
간민교육회 92, 100
간민회 92
강구우姜九禹 159
강백규 100
강봉우 100
개산툰 41
계봉우 100, 102
광성서숙光成書塾 63
광성학교 64
《교육보》 100
교토 한인유학생 117
구례선具禮善(Robert Grierson) 85, 91

구춘선具春善 100, 113, 199
《국민개병론》 78
국민회 146
《군인수지軍人須智》 78
규암재圭巖齋 32, 54
극동노력자대회 186
길동기독전도회吉東基督傳道會 204
길동서숙吉東書塾 99
김교헌 128
김구 73
김립 100, 103, 113
김명섭金明燮 24
김문삼 125
김사국金思國 180
김성환 75
김승근 75
김약연 100
김영학 100, 141
김우용 58, 61
김재준金在俊 15
김정규 100
김정근 25
김정필 25
김정훈 25
김좌진 125, 166

김하규 100
김하석 152
김학연 70
김혁 172
김홍일 88

ㄴ

나운규 68
나철 129
남도천南道川 21, 28
남위언 70
농무계 108
니콜리스크 120

ㄷ

대성大成학교 75, 77
대한독립군 159
도빈 104
도성 103, 104
독립선언서 114, 123
동구東溝 45
동흥중학교 180

ㄹ

레닌 192

ㅁ

마구레(McGrey) 91
마진 100
마포삼열(마펫) 89
명동교회 182
명동서숙明東書塾 63, 66
명동촌 32, 42
명동학교 69, 75, 138, 156, 176
명신明信여자 중학교 204
무오독립선언서 127
문익환 68
문재린文在麟 12, 29
문치정 100
민산해閔山海 140

ㅂ

박걸(A. H. Barker) 91
박경철 75
박례헌 91
박상환 100
박용만 129
박웅세 151
박정서(무림) 58, 70, 100
박찬익 100, 125
박창익朴昌翼 104

박태식 75
박태환 88
방한구方漢口 180
배형식 141
백옥보 103, 104
봉오동 전투 161
부도윤副道尹 91
북로군정서군 166
북풍회 193

ㅅ

사이섬 41
삼국전도회三國傳道會 204
3·13 반일시위 138, 159
3·1운동 158
3·13운동 158
서고도(William Scott) 91
서상용徐相庸 159
서전서숙 58
선바위 46
성낙신 125
소암재素岩齋 54
손일민 125
송몽규 68
송재일 125

송창희 75
시모노세키조약下關條約 134
신민부 172
신채호 73
15만원탈취사건 149

ㅇ

아이훈 190
안무 162
안창호 73
양기탁 73
양정학당養正學堂 99
여원홍 총통 101
여조현(여준) 58
여준 61, 70, 125
연길도윤공서 105
오룡재五龍齋 54
오룡천五龍川 33
5·4운동 132
오산五山학교 75, 77
오삼열 21
원세개袁世凱 100, 108
윌슨 130
유동렬 142
유운劉雲 193

유인석柳麟錫 51
유잠희 141
윤동주尹東柱 17, 68
윤명희 100
윤영춘 17
윤준희 151, 152
윤하현 17
윤해 100
은진중학교 15, 83
은진학교 93
의화단원 50
이갑 73
이동광李東光 180
이동녕 58, 73
이동복 141
이동춘 100, 103
이동휘 141, 145
이동휘 73, 86, 192, 199
이범윤李範允 48, 141, 144
이봉우 100
이상설李相卨 58
이성국 91
이승만 129
이용 162
임국정 151, 152

임민호林民鎬 180

ㅈ

자동子洞 46
《자유의 종》 78
장기영 103
장봉한張鳳翰 145
장석함 27, 100
장재촌長財村 29, 30, 45
장지영 88
장하린張河麟 12
재만한인조국광복회 38
전덕기 73, 87
전러한족회중앙총회 114, 118
전홍섭 151
정동서숙正東書塾 63
정동학교 64
정순만 58, 130
정안립 100
정운해 125
정원택 125
정의부 173
정재면 72, 86, 100
제창병원 140, 141, 200, 204
조경화趙景和 154

225

조두용 23
조봉암曺奉岩 193
조선공산당 193
조선족자치주 110
조성환 73, 142
조소앙 125
중영촌中英村 45

ㅊ

참의부 172
창동서숙昌東書塾 63
창동학교 64
채필근 91
청산리대첩 167
최기남 143
최남선 116
최병익崔秉翼 58
최봉설 151, 152
《최신동국사最新東國史》 102
최원택崔元澤 193
최재형 124, 141
최진동 160
최화봉崔華封 193
치타Chita 192

ㅌ

통감부간도임시파출소 94

ㅍ

평양신학교 181
포츠머드 조약 134

ㅎ

《학지광學之光》 115
한상묵韓相默 193
한상호 151, 152
혼춘 일본총영사관 165
홍범도 113, 147
황구주류군荒溝駐留軍 164
황달영 58, 61
황병길 141, 145
황상규 125
회령 21
흑룡회 198
흑하사변 191

간도 민족독립운동의 지도자 김약연

1판 1쇄 발행 2008년 4월 24일
1판 2쇄 발행 2017년 5월 29일

글쓴이   서대숙
기 획   독립기념관 한국독립운동사연구소
펴낸이   주혜숙
펴낸곳   역사공간
         주소: 04034 서울시 마포구 양화로 11길 18 원오빌딩 4층
         전화: 02-725-8806, 070-7825-9900
         팩스: 02-725-8801, 0505-325-8801
         E-mail: jhs8807@hanmail.net
         등록: 2003년 7월 22일 제6-510호

ISBN 978-89-90848-39-0 03900

• 잘못된 책은 바꿔 드립니다.
• 이 도서의 국립중앙도서관 출판예정도서목록(CIP)은 서지정보유통지원시스템 홈페이지(http://seoji.nl.go.kr)와 국가자료공동목록시스템(http://www.nl.go.kr/kolisnet)에서 이용하실 수 있습니다.(CIP제어번호: CIP2017012712)